# Petits B

Elodie Armand

Pour Arthur & Georges

Pour te faciliter les repères chronologiques

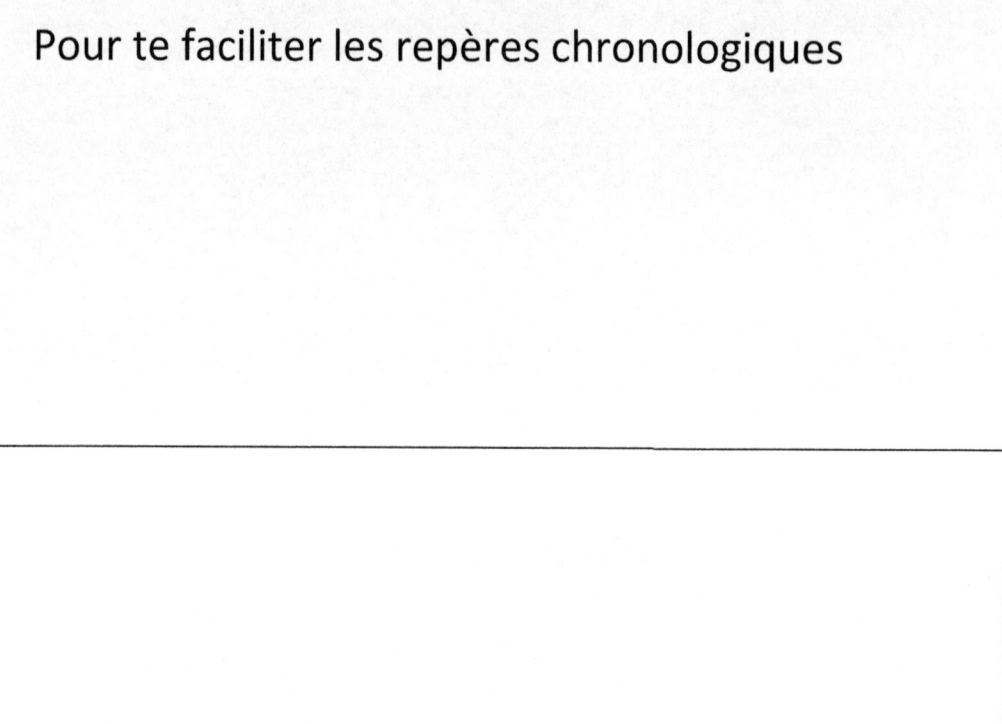

# Notes

Il était une fois... Ah non ça c'est dans les contes de fées, ce qui va suivre c'est la vraie vie, ma vraie vie.

Avertissement au lecteur : tout ce que tu vas lire est vrai !!

Je commence donc les présentations, je vais essayer de faire simple mais ça risque quand même d'être un peu ardu, n'hésite pas à prendre des notes !!

Moi c'est Elodie, on est en 2020, j'ai 40 ans et je suis mariée à Nico, mon pilier, mon antidote depuis plus de 8 ans. Ensemble on a Georges. Je suis aussi la maman d'Arthur, bientôt majeur !! Son père c'est Jérôme, coutelier, Nîmois mais t'inquiète lui aussi aura droit à son chapitre.

J'ai une sœur et deux parents mais c'est là que ça se complique... tu vois ça n'aura pas tardé !!

Ma grande sœur s'appelle Stéfanie, on s'est revues l'été dernier après quinze ans de silence (cf suite du récit). Ma mère, Marie-Françoise est toujours en vie et Jacques son ex-mari et mon père à l'état-civil est décédé pendant le 1$^{er}$ confinement. Sa mort aura été la meilleure chose qu'il aura pu faire dans sa vie.

Mais quand le karma se déchaine ça donne la furieuse envie d'écrire !! Ma 2$^{ème}$ vie a commencé le jour où j'ai appris que ma 1$^{ère}$ vie n'avait été qu'un long mensonge de trente-huit ans mais encore un peu de patience.

Voici pour la trame directe si je puis dire. D'autres personnes non moins importantes font partie de ma carte du monde et tu vas de toute façon en entendre parler à un moment ou un autre !!

Ma belle-fille Anaïs, oh oui qu'elle est belle !! C'est une magnifique jeune femme, une belle personne comme on dit... c'est la fille que je n'ai pas eue mais que j'aime d'un amour indéfinissable. C'est la fille aînée de Jérôme et sœur d'Arthur. Je rencontre ce petit bout de femme à ses 6 ans et depuis c'est la fille de ma vie !!

Mon amie, ma sœur de cœur, ma confidente, ma pote de migraine, Céline !! C'est celle que je peux appeler à 4h du matin pour déterrer le cadavre. Elle a été témoin de tellement d'évènements de ma vie et de mon mariage avec Nico !!

Pierre-Luc est mon ami depuis le lycée. C'est avec lui les 1éres soirées arrosées, les joints, les fêtes… Sa famille a été un refuge pour moi pendant des années… à tel point que je passais plus de temps avec eux que chez moi….

Ma tante « Tatie Martine », on est cosmiquement reliées. C'est probablement la mère que j'aurais aimé avoir. Pour te la situer, c'est la femme du frère à ma mère……… c'est bon t'as remis la tatie ?

Bon alors voici donc le cadre familial de ce récit, mais maintenant comment t'articuler les quarante premières années de vie … voilà le défi!

Alors je vais commencer par le 2ème début !!

# Le 2ème jour du reste de ma vie

A priori quand j'étais gamine je n'avais de cesse de dire à mes parents que je n'étais pas leur fille, qu'ils m'avaient adopté. Perso, je n'en ai pas le souvenir mais je veux bien les croire vu ce que je vais te dire par la suite. Plus tard en grandissant, je voyais qu'il y avait un truc qui clochait. Ma sœur mesure un 1m56, mes parents ne mesurent guère plus que 1m65 et moi je n'en finis pas de grandir !!! Mais que se passe-t-il ? Je suis la seule à avoir les cheveux frisés, bizarre ? C'est comme un présentiment, une intuition qui me dit que ce père ne peut pas être mon père…Mais vu que je suis une jeune fille de bonne famille bien élevée, je ne vais certainement pas oser remettre en doute la parole parentale, encore moins avec un ressentit comme seul argument, alors si on me dit que cet homme aussi violent et menteur qu'il soit, est mon père…. Admettons.

Une année, la prof de bio, Mme Chassagne, nous donne un exercice sur les rhésus sanguins pour illustrer son cours de génétique des petits pois de Mendel. Toute la classe trouve son groupe sanguin sauf une… t'as deviné qui c'était ou je te donne un indice ? Avec Céline on hallucine et on part dans un délire de fausse paternité, mais sans trop y croire non plus, ça serait tellement gros…. Plus les années passent, plus mon aversion pour Jacques grandit. Au fur et à mesure de ses détournements de fonds et mensonges, mon dégoût fructue. Jusqu'à refuser sa présence à mon mariage avec Nico. Je ne voulais certainement pas que ce soit lui qui m'amène à mon futur mari ! Textuellement je me souviens lui avoir dit qu'il n'y avait pas sa place. Ah cette fameuse place…. Ça semble si simple et c'est tellement complexe de se la faire ou de la trouver…d'autant plus quand il y a mensonge et duperie… Je n'ai jamais trouvé la mienne dans cette famille en carton et pour cause.

Le 13 juin 2018, j'ai une conversation au téléphone comme souvent à cette époque avec ma mère. On papote d'un truc, d'un autre et on en vient à discuter que les femmes de sa génération ont sûrement davantage subit leur vie… A ce moment de la conversation ma mère me fait une confidence sur le fait qu'elle ait trompé Jacques une fois. Le temps s'arrête. Imagine que ta vie fasse PAUSE. Tout est allé très vite. Une porte vers la vérité venait de s'ouvrir telle une faille spatio-temporelle. J'ai su à l'instant que si je ne tentais pas de savoir là tout de suite maintenant, je ne la saurai jamais. Je lui ai donc demandé si l'adultère n'avait pas eu lieu en Aout 1979 ? Ouai je ne suis pas très doué en math mais là j'ai fait le calcul en une fraction de seconde !!

Silence, elle pleure…. J'ai compris !! Enfin je sais que je ne suis pas folle, tout mon ressenti de toutes ces années est juste. Voilà, Jacques n'est pas mon père !! OUF voilà ma 1ère réaction, mon soulagement de n'avoir rien en commun avec ce type. Mais comme un tremblement de terre, il y a le bruit, les secousses, le calme puis le tsunami, après, plus tard….

Mais alors qui est donc mon père ? Est-ce que je vais pouvoir le rencontrer ? Sait-il que j'existe ? Jacques savait-il ? Pourquoi n'a-t-elle rien dit avant ? Qui suis-je vraiment ? D'où je viens ?

Moi qui me croyais avec des origines italiennes, voilà-t-y pas que je me retrouve avec des racines strasbourgeoises !! C'est quand même beaucoup moins caliente ! Bon une fois qu'on fait le deuil des pâtes à la bolo contre les flammekueches, j'embraye à la recherche du plus d'infos possible !!

Charles voilà son prénom, ça claque ! Il était grand, les cheveux bouclés, de longues mains… Il a été au courant de mon existence et m'aurait vue jusqu'à mes cinq ans. Même en fermant les yeux très forts, je n'arrive pas à me souvenir de quoi que ce soit avant mes 12 ans, mais que c'est frustrant !! D'après la version de ma mère de 2018, ils se seraient rencontrés un an avant ma naissance, coup de foudre réciproque. Lui fraichement séparé, elle se faisant pleinement chier dans son mariage et voilà ! Est-ce que cette grossesse est un accident ou est-ce que ma mère l'a profondément voulue ou mis devant le fait accompli, là c'est un peu flou mais de toute façon le résultat tu le connais puisque tu me lis ! Ma sœur aurait rencontré mon père et vu ce gars d'un mauvais œil ce qui les aurait décidés à attendre qu'elle soit plus grande pour vivre leur histoire et accessoirement me dire la vérité plus tard…. Ce plus tard tu l'auras compris n'est jamais arrivé puisque Charles est décédé en 1998 sans que je connaisse son existence. Ma mère lors de son déballage me parle du neveu de Charles qui est médecin à Strasbourg. Dès le lendemain de ce coup de fil d'une autre dimension je recherche sur internet ledit neveu médecin à Strasbourg. Je trouve tout de suite l'adresse du cabinet de Jean-Marie et lui écris une courte lettre. Je ne veux surtout pas faire d'ennuis, ni de vagues, ni de bruit mais si toutefois il avait une photo de mon papa…ou un tout autre petit bout de racine à me montrer… Deux, trois jours après avoir envoyé la lettre, mon téléphone sonne d'un numéro inconnu, il est 19h. A l'autre bout du fil et de la France, l'accent alsacien de mon interlocuteur me met en relation avec mes origines. Les larmes de Jean-Marie viennent consoler les miennes. Pendant ces deux heures hors du temps, Jean-Marie va me présenter Charles, me dépeindre son caractère, me le présenter physiquement, me raconter sa vie dans les grandes lignes, il revivra avec beaucoup d'émoi leur relation entre neveu et oncle, entre un médecin et son patient, entre deux hommes qui avaient un immense amour et respect l'un pour l'autre. Quelques semaines avant de s'éteindre, Charles a confessé à J-Marie mon existence en me décrivant comme étant sa fille aux longs doigts et aux cheveux bouclés.

Nous sommes deux cousins inconnus mais unis par le lien d'un secret, nos sanglots dans nos voix sont à demi étouffés, pour Jean-Marie tout cela fait remonter des émotions et une douleur de trente ans en arrière, celle d'avoir perdu son oncle adoré, celui pour qui il avait une admiration non dissimulée, celui qui avait tant de charme, de charisme… Pour moi c'est de l'émotion pure, je n'ai pas envie que cet appel ne se termine, Jean-Marie a branché une perfusion avec mon papa… laissez-le rentrer dans mes veines, dans mon sang, dans mes cellules… Je suis une Ruhlmann !!!!!

Dix jours plus tard, Nico et moi sommes dans le TGV en rails pour Strasbourg. Nous rencontrons physiquement Jean-Marie qui m'a parlé longuement de mon père, nous a fait visiter le quartier où Charles habitait, nous a amenés devant son dernier appartement, m'a donné la seule photo que je vais avoir de mon papounet. Avec une autre cousine qui est venue nous rejoindre, ils nous ont dressé mon immense arbre généalogique autour d'un repas typiquement alsacien….Je comprends pendant les explications des ramifications de l'arbre Ruhlmann que la mère de Charles avait une très forte personnalité et n'aurai pas vu d'un bon œil l'histoire qu'il vivait avec cette femme mariée et aurait fortement influencé Charles quant à la suite de l'histoire avec ma mère. Je suis allée sur la tombe de mon père, sur ses pas, dans sa ville, mais sur les rails de retour, toujours cette même plaie béante, ces mêmes questions sans réponses et qui n'en n'auront jamais…. Pourquoi une photo de moi dans son portefeuille mais pas de lettre pour m'expliquer, pourquoi parler de sa fille aux cheveux bouclés à quelques membres de sa famille mais ne pas prendre le téléphone et dire « Bonjour c'est papa… ». Pourquoi je n'ai pas été légitime à ses yeux ? Pour lui non plus je n'ai pas ma place ? Décidément !!

Bon mais alors, et Marie-Françoise ? me diras-tu. Elle a fait du grand Marie-Françoise, comme d'habitude… Elle s'est placée dans la position de victime et de manipulée…. Elle s'était enfermée dans son mensonge qu'elle s'est fait exploser en pleine face. Voilà que la fille à qui elle a bafoué l'existence, caché ses origines, imposé un père violent, abjecte, est en train de la consoler. Je n'ai pas eu la colère à ce moment-là. J'étais focalisée sur le soulagement de ne rien avoir en commun avec Jacques.

Je suis une nana de trente-huit piges qui a été élevée à la BCBG, dans un milieu bien bourgeois. Gamine je ne me suis jamais confrontée à mes parents, ça ne se fait pas… Je n'ai jamais rien remis en cause… il valait mieux !! Déjà que sans faire de vague, les coups déferlaient. Quand j'ai appris tout ça, j'étais de nouveau cette petite fille gentille, docile. Douce Elodie qui prend soin de rassurer sa mère cette traitresse, je l'écoute pendant des heures déverser sa plainte et ses larmes alors que je ne sais pas quoi faire de mes émotions… du reste quelles émotions ? La tristesse, une foutue tristesse qui ne pourra jamais être réparée. La peine d'avoir été privée de le connaitre, de le détester, de savoir son existence. La colère, elle m'a menti bordel !! Elle s'est cachée sous des prétextes bidons, derrières de fausses raisons, elle a sacrifié sa fille, ses filles pour son « confort », pour rendre sa vie plus simple…

Il a fallu deux ans pour que la conscience conscientise. De longs mois pour que ces émotions et les maux qui les traduisent puissent trouver le chemin de la bouche et des poumons. De longues semaines pour que tout mon corps s'imprègne de cette toxicité. Il a fallu deux ans à mes cellules pour muter…en un cancer avec mutation génétique, ça ne s'invente pas !!

L'enseignement de cette épreuve de vie aura été qu'au démarrage d'une vie, les antennes de ressentis biens ouvertes, avec un bonne écoute intérieure peuvent amener des réponses de l'ordre de l'intuition et soulager de tellement de maux imprimés dans le corps à défaut de mots entendus pas les oreilles... Il faut absolument SE faire confiance, être notre centre. C'est dans notre paix intérieure que nous pouvons irradier sur notre entourage extérieur.

# Quarante ans, je brille !!

« Bonjour madame, alors voilà… ça brille, juste là… la bonne nouvelle c'est que ça ne brille pas ailleurs… »

On pourrait penser que c'est plutôt cool et fun quand ça brille, bon là en l'occurrence ça annonce une bonne merde…

Petit récap', Mars 2020 début du Covid. J'en présente tous les symptômes avec essoufflements et douleurs thoraciques, je passe donc une radio. A la radio une tâche au poumon qui pourrait être une infection liée au virus. Au fur et à mesure des examens les médecins s'orientent vers un truc bien anxiogène. Biopsies, pneumothorax, longues attentes de résultats nous vivons des journées qui n'en finissent plus et des nuits trop courtes. Je passe un pet-scan à Montpellier une semaine avant mon anniversaire. C'est là qu'on me dit que je brille, c'est donc un cancer. Happy birthday !!! On me dit ensuite que c'est un cancer du poumon et qu'il faut enlever la partie atteinte du poumon et qu'après ça, une surveillance, chimio et on en parle plus. Allons-y donc, et puis après tout si on a deux poumons on peut bien vivre avec un morceau de moins ! Bon tu l'auras compris, vu que ma vie n'est pas un long fleuve tranquille, j'ai toujours mes deux poumons bien entiers… Lors de l'intervention, la plèvre est touchée, les résultats d'autres biopsies reviennent encore après 3 semaines de suspens. Le diagnostic est plus sombre… J'ai une variété bien coriace qui le rend sournois, incurable et avec une mutation génétique particulière. Je commence donc fin juin un traitement à vie avec pour seul but de retarder un maximum la progression de la maladie sans guérison possible…. La peur m'envahit, les angoisses sont tenaces et noctambules. Je ne m'endors pas pour être sûre d'être en vie le lendemain, ou plutôt pour ne pas mourir pendant que je dors. Mes enfants, mon mari……. Mes amours…. Je ne veux pas vivre sans eux !!! Euh non madame c'est pas dans ce sens là que ça va marcher…

Comment faire pour se préparer à mourir ? J'en suis arrivée à la conclusion que pour bien mourir il faut avoir bien vécu… Alors je vais vivre, rire, voir, écouter, vibrer, serrer dans mes bras, danser, chanter, parler, écrire, être vraie. Mais ça c'est dans les revues de gonzesses à côté de recettes pour le quinoa. Parce que dans la vraie vie, tout du moins dans la mienne ça n'a duré que quelques semaines…. Et puis la réalité m'a rattrapée, elle court beaucoup plus vite que moi.

2021, un an que je prends la thérapie ciblée qui n'a pas seulement nécrosé en partie le nodule mais aussi mon estime et mon reflet dans le miroir. Les mois passent et avec eux les flacons de crèmes et autres perruques pour tenter de rester la plus « normale », la moins malade, faire le moins peur possible, mais à qui ? Le corps se modifie. Flûte, je commençais juste à être en pour parler avec lui….

Les scanners trimestriels se succèdent et chacun me rapproche d'une possible mutation, de complications, de nouveaux traitements alors je me dis qu'en couchant sur papier les émotions elles ne me boufferont plus de l'intérieur !! Vite, vite nettoyer ce corps, décrasser mon âme de tous ces ressentis, il y urgence je suis en alerte pollution pire qu'à Bombay.

Bon pour le moment j'ai beau mettre de l'eucalyptus dans le diffuseur d'huiles essentielles, je ne me sens pas vraiment assainie de l'intérieur mais en ai-je pris le temps ? J'ai voulu foncer tête baissée dans un travail quelques mois après le diagnostic… retrouver une vie sociale, une utilité, faire semblant pour mettre cette saloperie à bonne distance. Ce 31 mars 2021 veille de poisson d'Avril, la fatigue et de nouveaux effets secondaires me rattrapent. J'ai beau me prendre des shoots de fer en intraveineuse, la fatigue est là. Physique et celle plus insidieuse… morale, celle qui te noircit le tableau quand il est à peine plus grisâtre, celle qui te met à fleur de peau, celle qui permet à tes plus infimes angoisses de se frayer un chemin pile au moment où tu es sous la douche et de faire couler tes larmes discrètement entre les gouttes !!

J'ai fait comme avant, j'ai rajouté un peu plus d'activité, rempli l'agenda, multiplié les achats, du Netflix et je pensais que le tour était joué. Et puis les larmes de mon mari, je comprends que je n'ai pas le luxe de faire semblant. Mais toi non plus, à la différence, on ne t'a pas montré du doigt ton épée de Damoclès. On a tous ce foutu objet contondant retenu par un crin de canasson mais l'insouciance, le sentiment d'immortalité nous le fait oublier et c'est une chance, une liberté, un doux confort…

Ok cocotte me diras-tu, alors qu'est-ce que tu veux faire du reste de ta vie ? Ah bah bonne question. Je ne sais déjà pas choisir entre deux salades au resto alors là…

2022, deux ans après le diagnostic, le cancer s'attaque au cerveau… Mon trouillomètre est en alerte, mon corps en vigipirate !! On m'avait bien prévenu que ça risquait d'évoluer comme ça…Est-ce que je vais perdre la tête, la mémoire, devenir zinzin? Est-ce que je vais oublier mes enfants, mon mari ? Je retrouve mes angoisses quand tout le monde dort…L'égo, la rage de vivre, le déni s'étaient pourtant tous bien passé le relai pour détourner l'attaque, rendre cette hypothèse impossible. C'était sous-estimer ce « canceroriste » avec son arsenal et ses munitions.

Février 2022, je ramène Arthur à Nîmes en voiture. En parlant avec lui, je ne trouve plus mes mots, je comprends ce qu'il me dit mais n'arrive pas à avoir une phrase cohérente. Cet état de confusion dure pendant 7-8 kms, Arthur ne s'inquiète pas jusqu'au moment où je me gare sur le côté de la route, mets le poing mort, frein à main. Je me réveille dans l'ambulance des pompiers, puis dans le hall des urgences. On m'explique que j'ai eu une crise d'épilepsie, que Nico est venu récupérer Arthur… On est loin de s'imaginer la suite. IRM et douche froide, 6 métastases au cerveau. On comprend mieux l'hémiplégie qui s'accentue de mois en mois… un nouveau traitement vient compléter le pilulier… antiépileptique, prise de poids, interdiction de conduire, perte de la main gauche, surtout ne pas céder à la panique, mettre en place des stratégies, contre-attaquer !

Mon plan de bataille est pour le moment de neutraliser Thanatos, dans mon armée je lui envoie la cavalerie de petits B(onheurs). Je compte bien sur ses bombardements d'Amour, et de plaisirs, pour lutter. Je torpille ce belligérant de beautés en tout genre, de musique, de plaisirs d'une journée ensoleillée.

Carkinos n'a qu'à bien se tenir, il a peut-être des pinces de crabe, mais j'ai une cuirasse indestructible, la plus redoutable, la vie est mon alliée ! Je lutte avec autant de force et de courage contre ces ténèbres terrifiantes et les inonde de moments de douceur en famille, de rires entre amis, d'utilité à mon travail pour les exorciser.

Les mois passent, les crises se succèdent, les dosages augmentent, la main se fait fantôme, IRM de contrôle, les lésions cérébro/méningées ont évolué, la suite est sans appel, il faut arrêter le traitement de 1$^{ère}$ ligne, fini les fantassins avec la thérapie ciblée, il faut envoyer les tanks.

6 décembre 2022, la chimio coule dans mes veines… il n'y a plus d'alternative. Je ne peux plus prendre mon traitement à l'abri des regards de Georges. Je ressens que toute cette aventure est en train de me changer profondément !! Mon cerveau crame littéralement, les épilepsies font trembler mon corps. Comme une faille sismique, je m'éloigne progressivement de ce que peuvent penser les autres, je m'affranchis des pensées, des attentes. Les soucis des autres, leur quotidien sont plus relatifs… J'espère ne pas devenir aigrie et intolérante. Je ne veux pas laisser la colère envahir mon cœur, mais ça n'est pas si facile. Comment être compréhensive pour les autres alors que je ne comprends pas moi-même pourquoi nous vivons tout ça ?

Au bout de la 2$^{nde}$ cure de chimio, j'ai décidé de l'accueillir comme ma nouvelle meilleure amie… elle me permet de vivre et enfin de mettre en application un précepte que tout un chacun a pu lire des centaines de fois, je suis à la place que je me donne.

Pfoua que c'est bon, nouveau mais tellement libérateur !! Je suis heureuse et reconnaissante de me dire que même si demain ma lumière venait à s'éteindre, j'y serais arrivée !! Je suis sur le toit de mon monde à 42 ans d'altitude !!

Toute cette pulsion de vie m'apporte une force démesurée pour vaincre et traverser ces difficultés. Evidement que tout n'est pas simple chaque jour, je vous épargne les heures de douleurs indescriptibles mais qui rendent magiques et miraculeux des instants simplissimes en famille, entre amis… qui font savourer une journée sans douleur … Je remplis mon stock de moments bonheurs pour que dans des périodes plus sombres, plus seules, dans une IRM je les fasses revivre intensément. N'est pas sophro/cancéreuse qui veut !!

# Jacques

Oh là , accroche-toi compagnon de manuscrit, je vais essayer de te faire découvrir une personne que je n'ai jamais comprise ! Je sens que la tâche va être ardue…. Let's go !

Etat civil : ça part de là !

Prénom : Amand Jacques Seraphin PEUREUX. Oui tu as bien lu, il n'y a pas de coquille, il s'appelait Amand…. Mais qu'est-ce qui a pris à ma grand-mère de faire une chose pareille, bref. Jacquot est donc le 1er enfant de Marcelle (Mamé) et de son mari dont je ne sais absolument rien. Personne n'a jamais parlé de cet homme…. Après leur divorce, Mamé a ensuite épousé Serge avec qui elle a eu 4 enfants. Ma grand-mère était une 'tite bonne femme italienne avec toujours le sourire aux lèvres et sa maison pleine d'âmes en peine et de chats mendiants. J'en ai le souvenir d'une femme rigolote, pleine de vie et de sourires, qui faisait de merveilleux beignets de fleurs d'aubergines. Quand j'allais chez elle, c'était la récréation. Mes deux grand-mères habitaient dans la même ville mais 2 mondes les séparaient ! Mamé à la ZUP l'autre dans sa résidence tranquille à deux pas de la plage. L'une toujours à papoter, jouer, faire des blagues, raconter des histoires et l'autre d'une froideur, amputée de sentiment, handicapée de l'amour.

La famille de Jacques a toujours été une grande inconnue. Il n'en parlait que très rarement. Le second mari de Mamé a fait la guerre d'Indochine et y aurait vu des atrocités, il est revenu de là-bas traumatisé, amputé et dépendant aux opiacés. Leurs autres enfants je ne les connais pas, Jacques n'était en contact qu'avec une de ses sœurs et encore ce n'était pas une relation très suivie !! Ils ont vécu leurs enfances dans ce milieu précaire dans un contexte social compliqué. Jacquot aurait joué la rencontre de ma mère sur un pari… Bref quand ils se sont rencontrés, il était à la fac de droit me semble-t-il et à leur mariage en 1971, il était guichetier dans une banque. Dans la 1ère année de leur mariage il aurait ramené avec lui les preuves de son infidélité. Mais cet aléa n'aura pas compromis leur mariage puisque deux ans plus tard nait Stéfanie en 1973. D'après ma mère, Stef et lui auront une relation exclusive jusqu'à ce qu'il commence à être violent avec elle. Ma sœur me dira bien plus tard qu'elle aussi a essuyé les coups de Jacques pendant de (trop) nombreuses années sans que notre mère ne lève le petit doigt. Il s'est arrêté le jour où elle l'a menacé de lui en mettre une à son tour.

Jacquot dont les dents qui rayent le parquet fait une école de cadre et gravit ainsi les échelons pour devenir directeur d'agence de banque au gré des postes, des mutations et des déménagements. Perso j'en ai vécu quelques-uns mais je ne m'en souviens pas ! A ma naissance ou peu après, ils se sont séparés mais sans divorcer. Les conventions, le confort, le qu'en dira-t-on, mais certainement pas l'amour les ont amené à faire un rapprochement familial. C'est ainsi que Jacquot est revenu dans ma vie… Mes 1ers souvenirs commencent avec le premier épisode de violence. J'avais 12 ans… ces 45 minutes sont les seules dont je me souvienne avec autant de précision. Je peux même encore ressentir la pression dans mon crâne… Les pleurs, les larmes, les cris, la terreur, la douleur. A ce moment précis je veux mourir pour que ça s'arrête…Je ne comprends rien. Je ne vois plus rien tellement j'ai de larmes, tellement je ferme les yeux, tellement mes arcades gonflent sous les coups de poings. Ma tête va exploser à force qu'il la fracasse contre le mur, contre son genou. Il m'arrache les cheveux. Je peux encore goûter ma salive avec cette saveur métallique de l'épouvante. Je peux encore sentir mon bout de dent dans ma bouche. Je tremble, me liquéfie, je suis comme déconnectée de mon corps. Il faut que mon esprit se désolidarise de ce que mon corps est en train de subir. Dorénavant, ILS devront vivre séparément pour survivre… Où est ma mère pour me protéger, s'il vous plait…. Quelqu'un !!!! Je suis seule avec sa fureur, avec cette furie… et puis, plus rien. Il a arrêté net, il ne me regarde pas, ne m'explique pas. Je n'existe plus, je suis comme morte mais pas assez ou trop, je suis brisée comme ma quenotte. Je cherche mes lunettes, elles ne sont pas cassées elles… La vie reprend son court, il continue de faire le repas, ma mère va arriver…le samedi reprend comme si de rien n'était.

Mais pourquoi ? te dis-tu. Qu'est-ce que j'ai bien pu faire pour « mériter » ça ? Je ne l'ai su qu'après… C'est une histoire de chèque et de boucles d'oreille. C'était un samedi et l'anniversaire de ma mère. Pour lui faire une surprise, je voulais lui acheter un bouquet de fleurs. Jacques me donne un chèque et je vais donc chez le fleuriste pour acheter un bouquet à 96 francs (oui ça date). Ce même jour je décide de succomber aux charmes d'une paire de boucles d'oreille de pacotille qui me fait de l'œil depuis un moment. C'est donc avec mon argent de poche que je cède à la tentation de ces créoles !!

Jacques a su mes achats par des langues de vipères « ah bah on a vu votre fille au magasin » et il a cru que j'avais détourné les fonds débloqués pour le fameux bouquet…. Un comble pour ce salopard ! Bref l'histoire continue…

Ce samedi-là c'est pâtes… Après être allée acheter le bouquet et mes boucles, je rentre à la maison et commence à faire cuire les pâtes. J'en étais à l'étape passoire quand il est rentré à son tour vers 11h30 et m'a demandé de poser la cuillère en bois. Il avait un regard possédé. Tu sais ce qu'il s'est donc passé ensuite…

Ma mère est rentrée vers 12h15 et m'a trouvée dans la salle de bain encore tremblante à mettre un gant d'eau froide sur mon visage tuméfié. Elle ne m'a rien dit elle non plus. C'est un art dans cette famille que de garder le silence.

Jacques lui explique qu'il a cru que j'avais utilisé le chèque pour m'acheter les boucles d'oreilles en douce. Et la communication on en parle ??

Ces débordements d'~~amour~~… de violences ont continué pendant trois ans avec différentes variantes histoire de ne pas être trop routinier. Tableau de bord, coups de pieds une fois sortie du cours de piano parce que j'ai fait de fausses notes…. Je grandis avec cette frayeur souterraine et cette bonne humeur apparente. Nous affichons une famille unie, respectable, bien sous tous rapports en fermant bien la porte du placard, il ne faudrait pas que la main du macchabée dépasse. Je dissimule mes troubles alimentaires derrière des heures de natation. J'engloutis pour ne pas être engloutie.

A 16 ans je pars à l'internat et l'indifférence de Jacques a remplacé les coups. Jusqu'à ce que ma mère parte en 1998, il y a une période de latence… A mes 18 ans ma mère le quitte, cette fois elle divorce et part vivre à 500 kms. Elle veut que je parte avec elle mais à Thiers j'ai mon copain de l'époque, mes amis, je suis animatrice, le lycée, ma vie quoi !! Jacques me sort la carte de la victime de la méchanceté et vénalité de la désertrice. Ma mère renchérie avec la carte de Dame de cœur brisé, martyre de son geôlier. Je suis le cahier des doléances des deux parties... Je découvre par moi-même les fraudes, les agissements plus que crapuleux de cet éminant cadre supérieur franc-maçon. J'apprends l'existence de chantage financier de la part d'une de ses maitresses, je découvre les ardoises qu'il peut avoir dans différents restos, on me révèle qu'il aurait signé des prêts en imitant des signatures et autres malversations... Je traine son nom de famille qui résonne comme une honte, une malédiction. Des rumeurs commencent à circuler sur des détournements de fond de l'association de natation dont il est le président.

Quelques mois plus tard il m'annoncera que sa copine Bénédicte habite chez lui , enfin chez nous.... Béné est la femme qui aura fait partir ma mère. Béné a une réputation plus que sulfureuse, elle ne me dira jamais qui est le père de son fils Clément, pour ma part j'ai toujours soupçonné Jacquot. Ils ont une liaison depuis des mois et ma mère ne supporte pas d'être associée à cette femme de comptoirs et de peu d'esprit. Je déménage dans un appartement dont Jacques est propriétaire. Je dois reconnaitre que sans Bénédicte, je n'aurais pas mangé tous les jours. Elle est aussi cruche que ce qu'elle a pu être attentive à ce que je puisse manger.... Une fois dans cet appartement, j'ai pu faire absolument tout ce que je voulais sans aucun contrôle ni restrictions hormis celle que je voulais bien me mettre !!! Autant dire qu'à 18-19 ans c'était OPEN BAR !!

Solde créditeur de 140 000 € !! A 20 ans mais c'est quoi ce délire ? Je viens de recevoir un relevé de compte à mon nom et adresse, mais dont j'ignorai l'existence. Le seul qui me soit familier est mon compte courant bien souvent débiteur ! Je comprends et t'explique. Mère et Jacquot ont acquis une maison bourgeoise pour laquelle il a fallu faire un max de rénovations et lancer des travaux à l'ampleur de ce qu'il voulait afficher !! Il y a eu des malfaçons et des dégâts, un procès qui a duré. Ma mère a divorcé avant le verdict. Quand le jugement a été rendu, les assurances des artisans ont été assignées à verser une somme d'argent pour déménager les meubles, faire les réparations, loger les habitants pendant le temps des travaux et remettre les meubles et habitants dans ledit logement. Le tout pour la modique somme de 140 000€. Cet argent devait revenir en partie à ma mère puisque tout ça avait été amorcé avant le divorce. Jacquot a considéré que ….non ! Sa solution pour que les huissiers ne s'aperçoivent pas du versement de la somme, la planquer sur un compte à mon nom. Ahah du grand art non ? Bon je n'ai jamais su ce que sont devenus tous ces euros !

A cette époque-là j'étais en fac de psycho et voulais en faire mon métier mais il aurait fallu que je parte à Lyon. Le pauvret ne pouvait pas financer, il était soi-disant ruiné par les dettes du magasin de ma mère, le crédit pour garder la maison…. J'apprendrai plus tard, qu'une somme d'argent avait été laissée par ma mère pour financer mes études. Avec son petit salaire de 6 000€ il ne s'en sortait pas. Je suis donc partie faire de la sociologie au Club Med !! A partir de cette période les relations avec lui étaient plus que distendues. De retour de saisons, j'ai rapidement rencontré Jérôme, le père d'Arthur, il aura été mon échappatoire. Jacquot a continué d'être indifférent sur ma vie et mes choix mais il a eu un attachement particulier pour Arthur. Il s'en est beaucoup occupé. Je n'ai jamais trop compris pourquoi. Si on avait été des garçons est-ce qu'il aurait été différent ? Leur relation était plutôt bonne jusqu'au jour où il a été violent avec Arthur. Je suis rentrée dans une colère noire et dans le règlement de compte. En réponse à mes questions et supplications d'avoir des explications sur ses violences je n'ai eu comme retour que « je n'en ai pas souvenance ». Mais laisse tomber tes formulations de Paris 16ème, et sois honnête une fois dans ta vie, regarde-moi dans les yeux, considère moi…. Arthur n'est plus retourné chez son grand-père.

A ma rencontre avec Nico, on a fait un trajet en Auvergne pour qu'il rencontre mon univers. Nous sommes allés chez mes amis et aussi chez Jacques et Bénédicte. L'accueil et le moment ont été à la hauteur du personnage … Il ne s'est jamais souvenu du prénom de mon amoureux, futur mari…. Plus tard, il a été odieux et d'une impolitesse extrême quand il a rencontré mes beaux-parents…. Pour notre mariage en 2013, j'ai donc décidé de me passer de sa présence. Je ne voulais pas que cet homme m'accompagne à l'autel. Je ne voulais pas l'associer à la place du père. Je ne le voulais pas à mes côtés, comme j'ai toujours ressenti qu'il ne me voulait pas aux siens. A cette même période, il lui est diagnostiqué un cancer de la prostate mais une simple surveillance suffira pendant des années

Quand Georges est né en 2015, je l'ai prévenu mais là encore lors des rares appels, il ne se souvenait pas de son prénom, toujours pas celui de Nico…L' état de santé de Jacquouille s'est dégradé peu avant que je sache ma non-filiation avec lui. Je me suis un peu plus manifestée pour me donner bonne conscience, ne pas vouloir regretter de ne pas avoir laissé la place aux mots si toutefois mots il y avait eu. J'ai voulu permettre à la sincérité de s'exprimer, j'ai voulu entendre des regrets, des excuses, des aveux, quelque chose quoi. J'ai voulu attendre, être à l'écoute de savoir si je l'aimais ?

L'année avant qu'il décède, j'ai appris et lu sa condamnation au pénal et sa peine de prison avec sursis. Il a détourné 17 000€ au comité départemental de natation dont il était le trésorier. Des plaintes ont été déposées par ceux qui lui ont succédé au club de natation de Thiers pour détournement de fonds, Bénédicte et son fils ont aussi été impliqués.

Il m'a annoncé l'état de son endettement. Plus de 138 000 €, 7 crédits à la consommation, tous sans assurances décès bien entendu, des arriérés d'impôts sur 5 ans… mais comment est-ce possible ? Qu'a-t-il fait de tout cet argent ?  Qu'a-t-il fait de sa vie ? Cet homme restera une énigme…

Quand j'ai su qu'il n'était pas mon père, j'ai été soulagée… de ne rien avoir en commun avec lui, de ne pas avoir ses gênes en moi, de n'avoir aucun lien… finalement de ne pas avoir de compte à lui rendre. Malgré tout quand son état de santé à nécessité des hospitalisations et autres décisions, j'ai été là. Je suis allée en Auvergne l'aider à sortir de l'hôpital mais lui comme moi n'avions rien à nous dire. On était comme deux étrangers qui se retrouvent à un rendez-vous arrangé mais sans points communs, sans envie de savoir, sans envie de se connaitre…. En retraçant notre histoire, à aucun moment je ne lui ai posé de questions sur qui il était, il avait érigé un mur entre lui et les autres. Quand sa mère est décédée en 2003, il me l'a appris sur le pas de sa porte en regardant un match de rugby. Les yeux rivés sur la télé, il s'arrêtait de parler trop captivé par l'action qui était en train de se jouer sur un écran plat.

Avril 2020, la veille de son décès Jacques m'a téléphoné pour m'engueuler parce que la télé de la chambre d'hôpital ne fonctionnait pas…. C'est la télé à qui il aura été le plus fidèle !!

Sa mort et ses obsèques auront été à la hauteur de sa vie !! Covid oblige, il est mort tout seul, sans visite, sans ses proches, Bénédicte et son fils n'ont pas pu l'accompagner. Il n'y a pas eu de cérémonie. Son cercueil et lui sont partis de Thiers sans cortège, il a transité pendant 2h avant d'aller au crématorium toujours en solo. Au final il aura eu des satellites autour de lui mais il aura fait en sorte d'être seul malgré tout. Sous ses grands airs de philanthrope, d'humaniste, de grand penseur, il n'a été animé que par son intérêt, sa personne, son confort, son égo…

# La Daronne

Alors Marie-Françoise c'est l'ainée d'une fratrie de trois ! Marie-Antoinette et Jean-Michel.

M-F sera élevée principalement par ses grands-parents et en internat, tout comme ses frère et sœur. Leur mère n'étant pas la plus maternante des femmes, ils n'ont pas eu une enfance des plus sympathiques. Ma mère va rencontrer Jacques et vont se marier en 1971. Stéfanie va pousser son 1er cri en 1973, et moi j'arrive comme un cheveu dans les spätzles en 1980 !!

Je ne peux pas trop te parler de mon enfance, je n'ai que quelques bribes... les 1ers vrais souvenirs sont très tardifs... Freud se serait régalé !! Ce que j'en sais c'est que j'ai voulu fuguer à 6 ans, que je n'ai pas de lien avec Jacques, ni avec Stef. Nous sommes quatre et c'est comme s'il y avait un mur entre eux deux et ma mère et moi, une RDA, une RFA. De par le travail de Jacques, nous déménageons régulièrement. Je suis née dans la Nièvre, nous y resterons 3 mois. Nous partons dans le Rhône à Villefranche où je ferai ma maternelle. En 1986-87 nous atterrissons dans le Puy-de-Dôme, j'ai 6-7ans. Sur les photos, je suis avec ma mère, et ma sœur fait quasiment toujours la tête quand nous sommes ensemble.

1992, Ma mère ouvre un magasin à Thiers dans le Puy-de-Dôme j'ai 12 ans. Je rentre au collège, ma sœur quitte la maison pour se marier. Là les souvenirs sont inscrits. Ma mère est très envahi-présente dans ma vie. Elle choisit mes vêtements, mes fréquentations, quelques-uns de mes loisirs, me façonne, me modèle comme une poupée, comme elle n'a pas pu faire avec sa 1ère fille. J'apprends le point de croix, le tricot qui sont ses propres passions, je ne me rebelle pas... j'ai toujours entendu que j'étais une petite fille très sage et docile. Sage comme une image.

Mes parents sont des « notables » dans une petite ville très industrielle avec de riches familles. Nous fréquentons des chefs d'entreprise, des sous-préfets, des banquiers.... Nous présentons bien. La famille parfaite, bien sous tous rapports en apparence. Jacques va me bastonner pendant des années, sans qu'elle ne dise quoi que ce soit. Les apparences sont sauves, le service de vaisselle Villeroy et Boch et les verres Baccara ne sont pas ébréchés, tout va bien !! Mr trompe sa femme mais en même temps Madame lui a fait un gosse dans le dos, un partout balle au centre !

En 5ème, je me fais agresser sexuellement dans un vestiaire pendant le sport au collège. Meetoo et le consentement sont loin d'être en vogue ! Alors à défaut de le dénoncer à un collectif, je le couche sur le papier de mon journal intime. Je n'ose pas le dire à qui que ce soit, même pas ma mère, surtout pas elle…. Et puis un jour de départ en vacances, nous dormons à l'hôtel et ma mère me dit dans la salle de bain que ce que j'ai marqué dans mon journal, ça ne se dit pas… et puis c'est que moi qui l'ai provoqué… Le sentiment de trahison, la honte, la culpabilité… et si c'était vrai…. Et puis de toute façon c'est à cause de cette poitrine si grosse…. A ce moment je n'en veux pas à la mère d'avoir violer mon intimité… tellement bien formatée !!

Les années passent et l'étouffement s'amplifie… de l'air bordel « Si j'avais pu respirer à ta place, je l'aurais fait » voilà ce qu'elle n'aura de cesse de me dire. Etant en mode syndrome de Stockholm je trouvais ça d'une dévotion maternelle admirable, elle plaçait la barre haute quand même la cocotte, comment être une mère à la hauteur quand ça sera mon tour ??? Ah bah j'ai la solution, je n' en aurai pas. Et voilà c'est bon, emballé c'est pesé !! Pour la 1ère fois dans ma vie de jeune adulte dans la plus haute tour, de plus haut donjon de Fort-Fort lointain je m'affirme en ne voulais pas de progéniture.

Quand elle est partie en 1998 j'ai été libérée, déchainée. Les soirées aussi étaient déchainées… J'ai expérimenté les excès en tout genre, plus rien ni personne pour me contrôler, si t'as bien suivi l'histoire, j'avais mon appart, Jacquot n'en avait rien à faire de ce que je pouvais faire au lycée ou à la fac, du moment que je ne lui coutais pas trop cher !!

Pendant des années les reproches ont fusé sur le fait que j'ai abandonné Môman, que je l'ai laissée partir toute seule… C'est un peu le monde à l'envers non?

A partir de là, je n'ai plus réussi à l'appeler maman, ses tentatives de câlins étaient comme des étaux qui se refermaient encore…. Oh non ça je n'en veux plus. Alors plus de contact physique de ma part, un rejet global de sa personne, de son témoignage d'amour…

Quand j'ai rencontré Jérôme et que nos vies ont été unies par les liens de la parentalité (mon plan anti- maternité a été dérouté) j'ai su que ça serait l'anti-gendre idéal !! Bobos, de gauche-gauche, déjà père, 10 ans de plus, il manquait plus qu'il soit noir et le combo aurait été parfait !!!

A la naissance d'Arthur, elle a voulu venir au moment de la naissance pour pouvoir m'aider pendant que je serais à la maternité. Je n'étais pas des plus réjouie, j'avais sur les bras un bébé, une césarienne, une mère envahissante et un mec que j'ai failli quitter quelques semaines avant l'accouchement… un peu dur si on rajoute le shoot hormonal ! Un jour, ne la voyant pas arrivée à la maternité, oscillant entre soulagement et inquiétude, je l'appelle. Elle était sur l'autoroute pour redescendre à Toulon. Elle était en pleurs, me disant qu'elle ne pouvait pas supporter la situation. What ?? mais qu'est-ce qu'il s'était passé ??? A ton avis cher lecteur, des idées de drames familiales scabreux ???? Oulala calme ton imagination compagnon, elle n'a pas supporté que Jérôme aille fêter la naissance de son fils avec des potes et l'ai laissée seule une soirée…. C'est dur à faire passer quand même !!!

Pour le baptême d'Arthur et le mariage d'un autre monde, la madré a fait la tête toute la journée, elle est partie sans rien dire à personne à 22h, elle était trop fatiguée. A chacune de ses visites, ce sont des blessures, des passages aux urgences… un coup c'est la cheville pendant une balade à vélo, une autre fois c'est la cheville entre le quai de la gare et le train, une fois le poignet… Somatique ?? Non jamais entre les repas !

Je ne saurai dire combien de lettres assassines j'ai reçues dans lesquelles elle me crache un venin de reproches, de jugement, de méchancetés, pire que de l'Antrax, avec le sempiternel « je m'en veux » qui vient après réception.

Elle a été cruelle de me reprocher d'être une mauvaise mère pour Arthur, de ne pas m'en occuper comme il fallait, de le mettre en danger parce que j'ai refusé de prendre un rdv chez son neurologue à Marseille pour un avis médical. Comment a-t-elle pu ? De sa naissance jusqu'à ces 7 ans, ma vie ne tournait qu'autour d'Arthur. J'étais son infirmière, sa kiné, son orthoptiste, sa psychomot, sa mère qui lui parlait en permanence pendant sa période de cécité. J'étais une jeune mère qui enchainait les rendez-vous médicaux, les dossiers, les prise en charge, les peurs, les regrets seule… pour Arthur je suis loin d'être sans reproche mais qu'elle m'accuse de mettre sa santé en danger, je ne peux pas l'entendre.

Après le divorce d'avec Jérôme, notre relation mère/fille a changé. Déjà il n'y avait plus Jérôme qu'elle ne supportait pas !! Je sentais comme une sorte de solidarité « entre femmes divorcées » ça n'a néanmoins pas empêché quelques coups foireux dont elle seule a le secret. Elle devait me racheter ma voiture pour m'aider financièrement… elle me plantera finalement dans cette transaction et s'en est acheté une autre sans me l'avouer !! Quelques semaines plus tard, elle me dit vouloir m'offrir un treck en Jordanie pour que je puisse m'y ressourcer après le divorce, la vallée des Rois, Petra, la randonnée, un voyage de rêve!!! Je suis aux anges, je m'achète des chaussures de rando, fais des économies pour me payer un passeport…. Je ne suis jamais partie en Jordanie et la vallée des Rois n'aura jamais été dans mon appareil photo… Quelques mois plus tard, voulant être plus près d'Arthur et moi à Nîmes pour m'aider, elle signe un compromis pour acheter un appartement, elle décide au dernier moment de se rétracter, j'ai dû leur remettre de sa part sa dédite de la vente. En même temps, je n'aurais jamais supporter une telle proximité !!! Arthur aurait dû aller en voyage avec elle en Egypte, à Disney, en Ardèche, il n'aura jamais mieux vu que Toulon et les nombreux appartements de la Seyne sur mer de sa mamie !!!! Je ne suis pas aigrie ni frustrée, je voulais juste de la sincérité pour Arthur et moi et non des mirages avec toutes la déception et perte de confiance qui va avec.

Ma relation avec Nico m'a beaucoup apaisée, le feu de colère commençais à être mieux maitrisé. Avec l'arrivée de Georges, les relations avec ma mère sont différentes, je vais jusqu'à presque apprécier des mini-séjours… bon 2-3 jours mais c'est déjà beaucoup mieux que 2-3 heures !!!!

Ses « ohlalalala quelle dinde, j'ai oublié ton cadeau d'anniversaire à la maison !!! », son poulet cuit à l'eau et un yaourt en guise de dessert pour un autre repas d'anniversaire, me font presque sourire !! Sa jalousie vis-à-vis de ma belle-mère qui habite à côté de chez nous, s'amplifie au fil des ans. Les repas de famille à Noël et quelques anniversaires sont des supplices pour tout le monde. Malgré tout, on lui dit qu'il serait plus simple s'il lui arrivait quelque chose, qu'elle se rapproche un peu !!! Voilà donc qu'elle fait ses cartons pour les faire voyager du Var au Puy-de-Dôme, auprès d'Aurore. Quid de la logique. Elle nous a perdu : C'est sûr que la Seyne s/mer 2 heures de route, St Rémy s/durolle plus de 4h30. Elle s'achète une maison avec 2 étages à 70 ans, elle nous parle de faire une rénovation d'une partie de la maison pour qu'on puisse venir en vacances, tu penses bien qu'aucune rénovation n'a pu avoir le temps de se faire.

Quelques mois plus tard, elle se rend compte que sa maison est mal isolée, elle me voit faire des allers/retours en Auvergne pour m'occuper à minima de Jacquot et convient que ça serait plus simple qu'elle soit plus près…. Alors plus près, pourquoi pas, en même temps c'est nous qui lui en avons parlé, mais pas trop près quand même !!! 20-30 kms s'est bien pour nous, elle cherche à dans notre village, oh bordel !! A peine sa maison en vente qu'elle est déjà vendue, elle nous annonce qu'elle va arriver dans 2 mois à Uzès. Février 2020, voilà qu'elle débarque à 7 kms de chez nous !!!! Ohlalalala je manque d'air, oh non je ne suis pas prête, c'est trop tôt, trop proche, trop elle…. Vite de l'air je respire plus !!!!! Mars 2020, ouf !!! Confinement, chacun chez soi et Dieu pour tous !!!! Je respecte à la lettre la réglementation qui est de ne pas se déplacer encore moins pour visiter des personnes vulnérables, elle n'est absolument pas vulnérable, mais moi oui !! Elle me reproche ma distance et le fait que je ne lui rende pas visite mais je ne peux pas… je pensais pouvoir être à côté d'elle mais la proximité géographique réveille tous ces mauvais souvenirs, son mensonge sur ma filiation, le cancer flambe et brille au grand jour.

Pendant toute la période de diagnostic, elle n'a su réprimer sa nature profonde. Normal me direz-vous, sauf que cette fois-ci et pour la 1$^{ère}$ fois de ma vie, je ne l'ai pas supporté et je l'ai dit. J'ai tout dit du reste !!! 40 minutes au téléphone à lui hurler dessus, à déverser toute ma colère, ce fut la plus grosse explosion de ma vie ! J'ai lâché tous les fauves. Les reproches refoulés se sont défoulés, à ce jour je ne regrette absolument rien, ni les conséquences que ça a pu avoir. Je lui ai craché à la tronche 40 ans de non-dits. Je comprenais enfin pourquoi le mensonge m'a toujours mis dans une colère monstre. Je comprenais que j'avais été une bonne mère pour Arthur contrairement à tout ce qu'elle avait pu le dire, parce que je n'avais jamais menti, que j'avais toujours agi pour son intérêt à lui et non pour servir le mien. Elle n'a pas dit grand-chose pendant ces 40 minutes, j'imagine qu'elle ne s'attendait pas à un tel déferlement. Après que le confinement ai été levé, et mon volcan apaisé, je lui ai proposé de passer chez elle pour reprendre les choses plus calmement. Je lui ai dit que maintenant que tout était sorti, nous pouvions peut-être reprendre une relation entre adultes, que les choses ne seraient plus comme avant mais qu'au moins tout étant dit on savait l'une et l'autre où on en était pour les quelques années qui me restaient à vivre !!! C'était bien mal connaître le scorpion attaqué qui avait préparé un contre-argumentaire sur chacun des points que j'avais vociféré !! Pour elle il lui était impossible d'envisager de rester en contact, tant avec moi qu'avec ses petits-enfants. Elle m'a demandé si je voulais qu'elle parte, ce pour quoi je n'ai pas voulu qu'elle me fasse porter une quelconque responsabilité, que nenni cocotte, c'est ta décision et en aucun cas tu ne me feras porter le chapeau, j'ai tellement compris ton fonctionnement que je ne rentre plus dedans, arrêt des jeux.

15 jours plus tard elle signait pour l'achat d'une maison à St Rémy/durolle, non mais allô quoi !!!! Elle est repartie dans le Puy-de-Dôme en Octobre, 8 mois après être arrivée. Cerise sur la pouponnette, en Novembre je reçois un mail de sa part, soi-disant adressé à une de ses amies que j'ai reçu par erreur…. Acte manqué quand tu nous tiens !! No comment… Elle y fait état de son retour à St

Rémy parce que la verdure lui manquait mais que tout cela lui avait quand même fait perdre + de 20 000€ et qu'elle avait dû faire un emprunt pour compléter l'achat de sa nouvelle maison… Heureusement qu'elle touchait la pension de réversion de Jacquot beaucoup de précisions financières pour une amie, son aiguillon n'est décidément jamais à court de venin.

2 ans se sont passés depuis l'explosion, les cendres sont redescendues, la colère aussi !!! Oui j'ai ma part de responsabilité ! Evidemment que j'aurai dû ouvrir mon bec et pas uniquement pour recevoir ma pitance, mais comment faire ? Je n'avais pas été livrée avec le mode d'emploi ! Est-ce ma faute de n'avoir jamais pu l'appeler « maman » une fois qu'elle est partie de Thiers ? Suis-je blâmable de n'avoir plus pu lui dire « je t'aime » ? Suis-je responsable de ne pas lui avoir dit qu'elle allait trop loin, que je ne pouvais pas supporter ces lettres vénéneuses ? Bien sûr que oui !! Qui ne dit mots consent n'est-il pas ?

Pour le reste, je conviens que je n'ai pas été des plus agréables lors de nos entrevues mais je te jure bouquineur que j'ai fait ce que j'ai pu !!! A certains moments sa présence m'était épidermique !

Depuis ce fameux appel où j'ai déversé mes colères, je suis restée comme figée dans une mare, les pieds dans une vase gluante. Enfermée dans un marasme de ressentis, embourbée dans un jugement tranché et sans appel, tout ce que je ne suis pas en état normal. J'en sors peu à peu, depuis le jour de mes 42 ans, je peux de nouveau avancer, me mouvoir, mes pieds peuvent se mettre en mouvement ! Je veux redevenir celle qui ne juge pas et qui essaie de comprendre. Je réalise enfin que je lui ai donné sa part à défaut de pardonner !!

J'ai tenté un rapprochement mais très honnêtement, elle a épuisé mon stock de compréhension et de diplomatie. Je n'en ai plus la force ni l'envie, et puis très vulgairement, F*CK !!

# Stefanie

Non pas de faute d'orthographe, il s'agit de sa volonté du F. On a 7 ans et un père d'écart. Je n'ai que peu de souvenir avec Stef puisqu'elle est partie de la maison j'avais 13 ans. De ce dont je me souviens et ressens, notre entente n'était pas fameuse. Elle s'est mariée avec son 1$^{er}$ mari, riche fils de famille industrielle. Je me suis toujours demandé si ça n'avait pas été un mariage arrangé... Célébration et cérémonie pompeuse et fastueuse à l'image des 2 familles. Il fallait en mettre plein les yeux des quelques 250 invités !!! A cette période nous n'avons pour ainsi dire aucune relation ni communication. Stef et Eric son mari semblent heureux et mènent grand train de vie. En 1995, nait leur fille Aurore. Je comprends du haut de mes 15 ans que cette naissance n'était pas attendue ni désirée, mais qu'elle est choupinette ! C'est ma nièce et je vais être sa baby-sitter attitrée pour mon grand bonheur !! En 1998, ma mère divorce et quitte Thiers, ma sœur lui emboite le pas et divorce elle aussi.

Quelques temps avant ces grands changements, un nouveau gardien/berger était arrivé à la résidence secondaire de ses beaux-parents et Stef va lui succomber. Plus de 20 ans d'écart, même pas peur, elle fricotte avec le berger moustachu !! Je viens d'aménager dans mon appart et Stef va y retrouver son amant lors de quelques rendez-vous clandestins, le temps de finaliser la séparation... une relation « fraternelle » va voir le jour pendant ces quelques mois qui précèderont son emménagement avec André. Gros chantier en perspective, ma sœur doit quitter son mari qui est aussi son employeur, et André doit également quitter le logement de fonction et son employeur qui n'est personne d'autre que le cocu !! Oh mais décidément ils ne savent rien faire de simple ! Me voilà donc au milieu des 2 divorces. Je passe un max de temps avec ma nièce, elle est si petiote, on tâche de passer des moments légers. Au moment de quitter le domicile conjugal, Stef mettra dans ses cartons ses habits et autres sacs de luxe... mais pas sa fille. Comment cela est-il possible ? J'ai 18 ans, je ne comprends pas. Ma relation avec Aurore ne va en être que renforcée et celle avec Stefanie va revenir à son état d'origine, distante et froide... Elle ne prendra que quelques fois sa fille jusqu'à ne plus la voir du tout. En 2000, n'allant pas bien suite à une rupture amoureuse, j'ai appelé cette sœur .... J'avais besoin de m'épancher sur ce que je vivais, douche froide, je n'ai eu pour réponse que chacun passait des moments douloureux et que ça ne la regardait pas…. Bon … chat échaudé craint l'eau froide, vu les glaçons que je viens de me prendre, je ne vais pas retenter… Nous resterons dans un silence absolu jusqu'en 2008.

Je sais par ma mère et Jacques qu'elle s'est mariée avec André. Pour la naissance de sa seconde fille Sixtine, elle va demander à récupérer des affaires de puériculture de sa 1ère fille…. J'aurai de ses nouvelles pour qu'elle me mandate pour aller récupérer berceau, lit, landau, habits chez son ex-mari. Eric ne voulant pas d'un conflit supplémentaire, met à disposition la « liste de naissance ». Je la revoie pour la 1ere livraison, elle est enceinte. Elle reviendra le jour de mon mariage pour la 2ème livraison ! Aurore vit terriblement mal que sa mère la dépouille de ses affaires, je ne vais donc pas être son dealer de gigoteuses et de bodies !!! Stefanie partira après le repas du mariage et retombera dans les abîmes du silence jusqu'en 2020.

Quand Jacquot a trépassé, j'ai dû la contacter pour les affaires courantes d'une succession, elle n'était pas au courant de la centaine de milliers d'euros de dettes. L'incompréhension sur les agissements de nos vieux va nous permettre de reprendre contact.

Et elle pourquoi a-t-elle eu de telles réactions avec sa fille ? Je ne lui poserai pas la question ouvertement mais par des portes dérobées… Elle me dira que c'est un chantage que lui aurait fait son ex-mari, qu'Aurore était conditionné par ses grands-parents paternels pour rejeter tout ce qui pouvait venir de sa mère, que lorsqu'Aurore allait chez sa mère la bichette pleurait tout le we… il ne m'appartient pas de juger.

Aujourd'hui, 2022, je replace le curseur de notre relation, c'est-à-dire espacé mais toujours en lien !! je sens bien qu'elle aimerait plus… mais je ne suis pas dans cette même dimension. Le dernier contact avec notre mère m'a également permis de comprendre que depuis 2 ans avec ma sœur j'étais sur une énorme méfiance. Je craignais de ne pas pouvoir lui faire confiance. Il m'est encore difficile d'être dans une relation suivie et naturelle, j'en ai beaucoup souffert les premiers mois de notre reprise d'échanges, mais dans ma quête de sincérité, je dois reconnaitre que le lien avec Stefanie n'est pas fluide, il existe mais la connexion est laborieuse de mon point de vue.

# Aurore

Ma nièce est née en 1995, au départ de ma sœur notre rapprochement s'est intensifié pendant des années. Le lien s'est distendu quand je suis descendue dans le Gard mais sans jamais se rompre puis nous nous sommes retrouvés au début de ses années étudiantes...nous avons fait la rencontre de ses amoureux jusqu'à son futur mari, Jordane. Nous sommes très différentes mais avec pourtant un paquet de points communs !! Elle a une force de résilience et une volonté de fer pour se débarrasser de ces boulets familiaux. Son franc-parler et son coté brut de décoffrage m'impressionnent et m'inspirent. C'est une jeune femme de 27 ans qui, à défaut d'avoir eu une enfance enveloppante et bienveillante compte bien mener sa vie de femme, d'adulte comme elle l'entend !! Il est évident que pour vivre de cette façon elle a su choisir le mari qu'il lui fallait.

Personne ne sait de quoi son demain sera fait, ce que je peux affirmer néanmoins c'est que vu, les épreuves qu'elle a dû traverser, Aurore avec le soutien et l'amour de son mari ne se laissera guider que par ses volontés s'en s'inquiéter du qu'en dira-t-on et des conventions !!!

Si la vie lui permet d'être mère à son tour, j'imagine que l'une des principales valeurs qu'elle transmettra sera de dire les choses, même si ça ne correspond pas à ce qu'on attend de nous.

Je les imagine ces 2 tourtereaux transmettre leur amour de la terre, de la nature, des animaux, à leur mini-eux !!!

# Vous prendrez bien une 2ème famille

Vu le tableau que je viens de te présenter tu penses bien que je n'ai jamais eu de Père, je m'en suis trouvé un de substitution ! Un père de cœur, un père d'âme... Je me suis reconstitué toute une famille. Ma mère de cœur est ma tante Martine, accroches-toi aux branches de mon arbre généalogique ! C'est la femme du frère de ma mère, c'est bon tu l'as ?!! Ma sœur de cœur c'est Céline, qui est aussi la marraine d'Arthur. Elle est la témoin de ce que tu lis depuis plus de 20 ans, si ça te semble trop gros, tu peux l'appeler, elle pourra tout confirmer !! Dans cette famille à ma sauce j'y ai même rajouté un frère, ah bah à y être autant mettre qui je veux comme je veux !! Donc Pierre-Luc, lui aussi à mes côtés depuis le lycée !! La voici donc ma photo de famille fantasmée !

## PASCAL

Mon spiritu'père a été mon prof de piano, je vous présente Pascal Richert 38 ans. Quand je commence le piano j'ai 11-12 ans, je ne saurai pas trop dire si j'aimais ça ou s'il fallait que j'aime ça... ce que je sais en revanche c'est que mon prof je l'adore. C'est mon confident, il ne me juge pas, il m'accompagne dans les méandres de mon manque de confiance. Il y a des séances où je ne touche pas une note, on parle de tout, d'Egypte, de champignons, de dessins... Chaque semaine, il me tarde de le retrouver. Quand j'ai de mauvais résultats au solfège, il comprend que ça ne m'intéresse pas... A 14 ans il est le seul à qui je confie mon chagrin. Mon amoureux, celui avec qui je rêve de partir, est mort dans un accident de voiture. J'ai appris son décès le samedi matin à 9h30 et j'avais cours de piano à 11h. Aux côtés de Pascal, je peux pleurer, il me réconforte, il me comprend. Il a cette ouverture d'esprit, cette bienveillance, je suis en sécurité. Je peux lui dire que j'étais amoureuse d'un jeune homme doux, tendre, affectueux, respectueux, turc. Ça n'aurait jamais été accepté chez moi, du reste ils ne l'ont jamais su...

Un jour d'audition, je me plante complètement sur la sonate que je travaille depuis des mois. Je suis en stresse non pas pour le couac de fausses notes mais davantage pour la colère qui se lit dans les yeux de Jacques. Pascal essayera comme il pourra de dédramatiser mais cela n'évitera pas les coups sur la route du retour.

En Avril 1998, Pascal nous invite à aller manger chez lui et sa femme. Je découvre sa maison, je vois son piano, sa salle de travail, ses partitions, son salon, sa cheminée avec un grand feu, son univers, son intimité…. Je me rappelle avoir flashé sur les peintures rupestres qu'ils ont peintes sur les murs de leur salle à manger. Je les adore, je l'adore lui tout court, je voulais que le temps s'arrête… Il me parle pendant cette soirée avec une sincère tendresse, une profonde affection. Sa femme est adorable avec moi aussi. Ils ont tous les 2 une douceur dans leur voix, dans leur cœur…

On comprend qu'ils ne peuvent pas avoir d'enfants, que c'est une douleur pour eux. Pascal ne se cache pas d'être très proche de quelques élèves, une sorte de transfert. Quel honneur, quelle fierté d'en faire partie. Avant de partir il me donnera quelques-unes de ses partitions.

Quelques semaines après, on m'appelle au lycée, c'est ma mère. Elle me dit que mon père et ma sœur vont bien, mais que c'est Pascal. Mon cœur s'emballe, mes jambes ne me tiennent plus, mes mains tremblent. Il est décédé. Une crise cardiaque. Je m'effondre. Je fonds en larme dans le bureau de la secrétaire. Ma mère vient me chercher, je ne peux pas rester à Clermont. C'est trop dur. Je ne peux pas verbaliser. A qui dire, expliquer ? Comment leur dire que je suis tellement mal dans cette famille qu'il me faut m'en créer une autre. Qui me comprendrait ? Comment dire que j'ai perdu mon Père, que je suis orpheline…

Je sais qu'il s'est éteint dans son salon, devant sa cheminée, je remercie, je ne sais même pas trop qui, d'avoir été chez lui. Ça me permet de visualiser où il était quand sa lumière s'est éteinte.

Ironie de l'histoire, Jacques m'accompagne aux obsèques qui ont été atroces. C'était le 1er enterrement auquel j'allais. Je ne savais pas comment ça se passait. Dans l'église je n'arrivais pas à réprimer mes larmes et la douleur que je pouvais ressentir. J'enterrai mon Père avec un père à mes côtés. J'étais dans un état de stupeur, présente mais sans comprendre réellement ce qui se passait. Je me revoie lui dire un dernier au revoir vers son cercueil, l'assemblée avait disparue. Au moment de présenter mes condoléances à sa femme, elle m'a longuement prise dans ses bras. Elle m'a chuchoté « ça va aller, tu verras, ça va aller ». Mais je savais que ce que je vivais là serai une profonde blessure et un vide à jamais. A la sortie de l'église, en retournant à la voiture, Jacques me dit sans me regarder « Bon c'est bon, tu vas arrêter de pleurer maintenant, on va pas y passer l'année ».

J'étais une boule de rage, j'ai ressenti une colère monstrueuse, je hurlai dans ma tête à ce gros connard qu'il pouvait surtout bien fermer sa gueule de merde... mais chut...ne pas parler...se taire... Ce deuil je l'ai fait toute seule, sous un sourire de façade. Dr Jekyll et Mr Hyde, je ne suis pas Gémeau pour rien !

Je n'ai plus jamais retouché une touche de piano. Tous les morceaux de cet instrument me rappellent Pascal.

En 2022, je peux réécouter et vibrer au son des touches noires et blanches. Je repense à Pascal avec une douce nostalgie et une infinie gratitude d'avoir pu vivre et m'approprier cette relation. 2023, je me suis acheté un piano numérique et l'apprivoise doucement. Je suis en paix avec l'instrument, le souvenir et l'âme de Pascal.

## Ma tatie Tartine

C'est la maman que j'aurai tellement voulu avoir en vrai ! Ma tatie c'est le synonyme d'écoute, d'empathie, de non-jugement, de douceur, de céleste... n'en jetez plus, la coupe est pleine !! Tout est fluide avec elle, quand les appels tardent ou s'entrecroisent sans être synchrones, ce n'est pas grave !! Entre nous, c'est cosmique, éthérique, authentique. Alors même que l'état civil ne m'a pas gâtée, je m'auto-octroie une maman qui Déchire. Je la trouve merveilleusement belle, j'aime son odeur, son rouge à lèvre orangé, son peigne à grandes dents quand elle se recoiffe en terrasse d'un café. Je ne me lasse jamais de prendre sa main quand on se parle. Je fonds quand je suis dans ses bras. J'aime nos discussions, quand elle me parle de ses lectures, de ses sujets de curiosités.  Je mimétise son

« évaporation », elle m'inspire bienveillance et non-jugement. Elle incarne tellement l'Amour universel. C'est la 1ère fois que j'écris sur ma tatie et je m'aperçois que le champ lexical est celui de l'amour, de la tolérance et de l'ouverture. Que même sans que ce soit volontaire, je descends ma mère au sous-sol de mon affect!

Pendant des années j'ai préféré partir en vacances à Hyères chez tantine plutôt que chez ma mère à Toulon (40kms les séparent). Je conçois la violence pour ma mère mais je ne pouvais pas me forcer. L'oasis de tatie était beaucoup plus rassurante. Je me sens plus à ma place chez mon oncle et ma tante. Leur sincérité dans leurs sentiments résonne, me met en confiance.

Ma Tatie Tartine est la seule avec qui je peux baisser la garde, je peux me livrer à elle sans peur, en toute bienveillance… Quelle chance que de pouvoir vivre cette synchronicité cosmique !

# Céline

Notre amitié, notre histoire ne sera qu'une succession de signes !!! Il est évident qu'on devait se rencontrer... Septembre 1996 nous rentrons toutes les deux en 2$^{nde}$ et dans les vies de chacune. Nous serons les éléments déclencheurs de nos migraines, nous partirons tellement loin dans nos délires qui hors contexte peuvent paraître fades... Un indéfectible lien se créera entre nos 2 âmes. Aujourd'hui encore il ne se passe pas 1 semaine sans un petit message, une photo échangée, un souvenir remontant à la surface !! Céline ne se sera jamais permis un jugement dans toutes mes trépidations, dans chacun de mes choix des plus douteux aux plus raisonnables... une fidèle écoute, un échange constant de nos vies, de nos doutes... Mes 2 amis, mes 2 tuteurs qui m'ont aidé à grandir sans trop me casser la gueule, j'ai nommé P-Luc et Céline ont des chemins de vies que j'admire... Ils ont rencontré leurs partenaires de vies très tôt et sont toujours avec... OMG chapeaux les amis, Dieu sait et eux aussi que j'en suis incapable et terrifiée !

Au moment du divorce de mes darons, les 2 compères ont été très présents, voire omniprésents. On pourrait penser au vu de ma structure mentale que cela aurait pu me faire fuir, bien au contraire !!! Ils m'ont sauvée.

Laisse-moi recentrer sur Céline, P-L a droit lui aussi à son chapitre !! C'est à elle que je dirai que je trouvais la fin d'un livre bizarre jusqu'à ce que je me rende compte qu'il me manquait un chapitre à lire ! C'est avec elle que je ferai cuire des pâtes dans une casserole beaucoup trop petite et pas assez d'eau !! c'est avec ces 2 lascars que je fêterai mes 20 ans de façon mémorable.

Pour notre 2$^{ème}$ seconde, les profs nous ont séparées mais ça ne nous a pas éloignées pour autant !! Pierre-Luc rentre en scène à ma 2$^{ème}$ seconde (décidément !!) On passera notre bac en 2000, on s'y est présentés sans avoir révisé parce que dans nos têtes de déjantés, il était évident qu'ils allaient nous le donner, on était en l'an 2000 quoi !! Oh les dindonneaux, il s'en est fallu de peu quand même !!

Céline rentrera à l'école d'infirmière de Vichy, P-Luc et moi à Clermont. Prépa kiné pour P-L et fac psycho pour ma pomme. Pendant les années suivantes, on se verra peu avec Céline. Ses études, les fêtes avec P-L, mes saisons au Club Med... les mois et les années défilent. Mais néanmoins le contact reste et subsiste... Jusqu'à notre départ à Nîmes nous nous verrons quelques fois mais sans vraiment profiter de la proximité géographique. Avec 500kms de distance notre amitié s'en trouve renforcée, elle est encore plus vaillante !!

Céline, Thomas et leurs enfants ont visité le Gard et les environs en long, en large pour grapiller des instants et des souvenirs de quelques heures... en même temps y'a pire, j'aurai pu migrer à Dunkerque !!

Quand nous nous sommes mariés avec Nico (9 ans hier !!! j'écris le Jeudi 19/05/22), Céline en a été ma témoin, comme elle l'a été du reste de ma vie. Elle a été la 1$^{ère}$ a qui j'ai confirmé que Jacques n'était pas mon père, (Souviens-toi du cours sur les petit pois de Mendel avec Mme Chassagne), la 1$^{ère}$ à savoir pour le cancer, la 1$^{ère}$ à savoir que j'allais divorcer d'avec Jérôme... C'est grâce à ma comparse que tu lis ce best-seller !!! Dans ces décennies de montagnes russes, elle n'a eu de cesse de me dire que j'aurai de quoi écrire un livre. Voilà qui est en cours, pour l'adaptation Netflix, je pressens Florence Foresti pour Céline et Ben Affleck pou- P-Luc, et oui rien que ça !!!

Loin de moi l'idée de faire pleurer dans les chaumières mais sans eux 2, je n'aurais pas su rebondir, transformer, m'adapter... Merci mon amie, ma sœur, ma confidente !

# Pierre-Luc

Curseur en Août 1997, avant ma 2ème seconde ma mère me demande d'aller briefer le fils des bijoutiers de Thiers sur le lycée. Ça fait un 1 an que j'y suis, Pierre-Luc va y faire sa 1ere rentrée, nos mères respectives se connaissant (commerçants oblige) ont décidé une rencontre pour que je fasse un état des lieux au jeunot !!! Me voilà donc dans la salle à manger de leur maison sans me douter que j'allais y vivre des moments merveilleux et à foison !! Je ressors de chez lui en me disant le temps des 50 mètres qui séparent nos maisons qu'il est bien jeune et bien rangé !! L'année de la seconde se fera au rythme des covoiturages pour aller à la gare en début et fin de semaine, je suis encore interne... L'année de la 1ère va amorcer un véritable virage. Nous sommes dans la même classe et je ne suis plus interne !!! On va commencer à passer nos nouvel an ensemble avec toute sa famille dans laquelle je vais avoir ma place sur la photo de groupe ! On passera nos mercredis après-midi à fumer, manger des Curly et écouter Oasis en imaginant aller à leur concert. En terminale, j'ai mon appart et on va allégrement fêter ça !!! A la pendaison de crémaillère, Pierre-Luc va baptiser la cuisine en y faisait exploser un fût de bière. Il ne se passe pas un WE sans que je n'aille prendre au moins un repas avec la famille de Pierre-Luc !!! Nous serons Coco et Cocotte. Le duo s'installe, les fêtes d'anniversaires ne se font pas l'un sans l'autre, les soirées arrosées non plus. Quand P-Luc aura son appart à Clermont, ce sera comme une seconde maison !! Quand il a son permis, on sera de vadrouille pour aller faire des fiestas chez ses grands-parents, ne va pas croire c'était une ambiance de pure folie quand on allait là-bas. Je me lavais les dents la tête par la portière quand Pierre-Luc était en train de rouler à toute vitesse sur les routes de campagne !!! la veille du Bac de Philo on a fumé et bu jusqu'à 2h du mat avec la bande de pote, mon appart était notre QG !!Nous passerons une bonne partie de nos we et de nos semaines ensemble ! Hahaha je te vois venir petit curieux !! Comment ? Une amitié homme/femme sans qu'il n'y ait baleineau sous cailloux ? Vu que j'ai fait serment de vérité « Je jure de parler sans haine et sans crainte, de dire toute la vérité, rien que la vérité. » 2 nuits nous avons friquotté sagement... Désolé P-Luc, nous n'en n'avons jamais parlé, ni sur l'instant, ni après, nos pudeurs respectives ne nous l'ont pas permis. Je n'étais plus jouvencelle mais n'avais pas non plus un historique multiple ! Ces 2 instants volés sont des souvenirs empreints de douceur et de respect. Ils auront uni notre complicité dans une intimité secrète. Après, il a commencé une histoire avec Marie, j'en étais un peu jalouse mais ne lui ai rien laissé paraître, je préférai le voir avec elle que de risquer de ne plus le voir ! Puis Marie-Lyse est rentrée dans sa vie, notre duo a laissé la place à leur couple… De mon côté j'ai eu une belle histoire avec Benjamin mais ça sera un autre alinéa, et suis parti au Club Med, nous nous sommes alors un peu perdu de vu… Quand je suis revenue à Thiers P-Luc finissait son BTS opticien à Thiers également et avait emménagé avec M-Lyse. Quand Arthur était petit, nous étions de nouveau proches et complices. P-L a traversé une période compliquée, comme on pourrait dire aujourd'hui un burn-out !! J'ai fait mon maximum pour être à ses côtés. Il sera le témoin de mon mariage avec Jérôme et de nouveau très présent dans nos vies !! Je suis partie de Thiers, le cœur déchiré de laisser, de quitter mes 2 amis, mes 2 socles….

Le jour de mes 30 ans, j'étais à la table familiale de P-Luc le temps d'un week-end et j'ai décidé de divorcer. Quelques mois après, P-Luc se mariait. J'étais sa témoin et suis allé à cette fête en future divorcée et en début de partage en quenouillette. Cette cérémonie m'a beaucoup émue et a fait un écho douloureux à l'échec de mon mariage… Pendant la soirée l'alcool, l'émotion… j'ai été lourdingue avec Régis le cousin de P-Luc (encore désolée si tu ne le savais pas ), je ne sais pas si c'est ça, le fait que j'ai divorcé ou simplement sa vie de jeune marié mais pendant quelques temps nous ne nous sommes plus trop donné de nouvelles. Puis je suis montée pour rencontrer leur première fille, Lilly-Angèle. La relation était revenue comme elle l'avait toujours été, simple, sincère et fraternelle !!

Quand j'ai rencontré Nico, nous sommes allés en Auvergne, je voulais l'approbation de mes acolytes, j'en avais besoin !!

Coco n'a pas pu être avec nous pour la fête de notre mariage. J'en ai été très peinée, mes 2 amis ne seront pas présents ce jour si important.

On est remonté en Auvergne peu de temps après la naissance de Gabrielle la 2ème fille de P-Luc, Georges et né 15 mois plus tard ! Cette petite « ange » a su réveiller en moi un désir d'enfant que je pensais avoir suffisamment enseveli pour ne pas qu'il jaillisse !! Pendant les années qui ont suivi, les appels se sont espacés, plus de visites jusqu'au confinement et au diagnostic. Quand je lui ai appris la maladie, il était à la maison 15 jours plus tard…. Des souvenirs plein la tête et de l'émotion plein les yeux !! Notre amitié sera donc à l'épreuve des montagnes russes, quelle chance !

Dans 15 jours mon mari et moi allons fêter nos 9 ans de mariage, on n'est jamais assez prudent, il n'y aura peut-être pas de 10 ans. On a envie de réunir nos amis, de créer des souvenirs et une occasion de tous les revoir !!! Pour la 1ère fois en 22 ans, nous serons tous les trois de nouveaux réunis, avec nos partenaires de vies, nos rejetons, nos rides et notre amitié. Je n'arrive pas imaginer l'émotion que ça va être, les souvenirs qui vont fuser tels des feux d'artifice, notre complicité retrouvée !!! Ma fratrie au complet. Je suis prête à en savourer chaque instant, à enclencher ma caméra intérieure pour graver à jamais chaque regard, rester imprégnée le plus longtemps possible de la force de notre fusion !!

      rendez-vous le 4 juin !!!

Comme pour tous ces évènements, le temps passe trop vite ! Nous avons été réunis histoire de quelques heures dans une douce nostalgie ! Ma forme ne m'a pas permis de profiter comme je l'aurai imaginé. Malgré les aléas de la soirée mon cœur était en fête d'avoir à mes côtés ma sœur et mon frère.

J'ai pu amener P-Luc à mon coin de paradis et passé un moment en tête à tête… dans la sobriété et le silence, tout s'est dit entrez nous dans cette marche hors du temps, toute notre amitié s'est exprimée.

# Jean-Marie

Quand ma mère a enfin craché sa « pastille », elle m'a dit que de la famille de Charles, elle connaît l'existence d'un neveu, médecin généraliste à Strasbourg, Jean-Marie. Je lui ai envoyé une lettre du bout de mon stylo... je ne voulais tellement pas déranger, ni semer la zizanie !! Je voulais juste mettre une photo, un visage, quelque chose !! Quelques jours après avoir envoyé la missive, J-Marie m'a téléphoné pendant 3 heures pour me parler de mon père...Ouha le grand 8 émotionnel ! Nos voix étaient tellement feutrées, empruntes d'émotions. Il m'a parlé de Charles avec tellement d'amour, de respect et de trémolos. Ces mots m'ont fait aimer cet homme que je n'ai jamais connu. Ces mots ont apaisé mes douleurs et réveillé des questions, de l'incompréhension, des regrets... Mes maux d'âmes ont trouvé leur docteur... Mon père m'a aimé et regretté. Il avait une photo de moi dans son portefeuille. Jean-Marie a pris du temps pour me parler de Charles, l'a fait vivre le temps de son récit... Quelques semaines après, nous faisons un « rootrip » sur la route de mes racines.

Pendant ces quelques jours nous allons passer des heures merveilleuses avec J-Marie et sa femme Annie. Il nous cueille comme des fleurs face au cimetière où repose mon papa. En voiture, il nous montre tous les endroits liés à son histoire et celle de Charles. Chez eux nous nous découvrons de façon très fluide. Nous échangeons sur nos goûts pour la randonnée, la nature. Ils nous parlent de leurs enfants et petits-enfants avec un immense amour. J'aurai tant aimé avoir des parents si aimants, si bienveillants...

Puis arrive le temps des photos. Je le vois enfin. J'ai face à moi mon papa. Allez ma mémoire, fais un effort !! Il est grand, il a les cheveux bouclés. Il est beau, mon Dieu qu'il est beau. Il a de la classe mon papa... et là je comprends pourquoi j'ai choisi Nico. Ce même regard ténébreux, cette même droiture. Il est si élégant... Jean-Marie sera lui aussi très attaché à sa tenue. Constamment en costume-cravate... même pour passer la tondeuse il ne tombera pas la chemisette !!

Le temps file à toute allure sur la route des souvenirs, l'émotion est vive de toute part.

Au cours du repas, J-Marie me dira une phrase qui restera gravée à jamais : « Si Charles avait été assis avec nous à table, il n'aurait fait aucun doute que vous étiez père et fille…. »

A la nuit tombée, nous galopons à travers Strasbourg pour admirer les projections lumineuses sur les monuments, J-Marie ne veut pas que nous en perdions une miette !! Nico me dira alors qu'il sait maintenant d'où vient mon hyperactivité !

Nous nous quittons, j'ai le cœur lourd mais rempli d'une nouvelle famille ! Nous nous promettons de nous revoir mais l'on sait tous que ça risque d'être compliqué…

Au fur et à mesure des mois, nous échangeons des photos, des nouvelles, des messages qui commencent tous par « chère cousine… », jusqu'à enfin un texto en Septembre 2021 qui m'annonce sa venue prochaine. Mon cœur est en fête, je vais pouvoir refaire un plein de mon papa à travers Jean-Marie…Il ne viendra jamais.

J'apprends son décès par un mail d'une de ses filles. Immédiatement une profonde tristesse refait surface. A travers la mort de J-Marie, c'est mon papa que je perds, encore… c'est double peine.

Me voilà sur l'autoroute avec mes garçons sous le bras et en route pour rendre hommage à cet homme avec un cœur si pur et ouvert à l'amour. Une merveilleuse cérémonie lui sera donnée. Les larmes coulent, les sanglots jaillissent, la douleur est déchirante, la pluie tombe. Et puis comme un signe des Ruhlmann, à la fin de l'éloge, le soleil repointe le bout de son nez. Les garçons iront faire la connaissance de la pierre tombale de leur grand-père… j'achète à Charles des statuettes dont un duo d'arums comme mon bouquet de mariage et un ange. Je suis un peu avec lui. Comment un être que l'on n'a pas connu peut-il autant manquer ?

Nous irons partager un pot de l'amitié avec toute la famille d' Annie et J-Marie. La sœur de Charles sera très émue de me rencontrer. Elle me connait, elle sait mon existence, elle a mon père dans ses souvenirs, j'en suis jalouse. Ils sont tous d'une extrême gentillesse, nous accueillent les bras ouverts comme membres de leur famille. Mais je ne me sens pas légitime, je ne suis pas leur cousine mais le suis quand même, c'est le bordel (enfin comme d'habitude ). Je repars d'Alsace aussi vide que j'y suis monté, aussi cancéreuse à l'aller qu'au retour mais avec un sentiment de me reconnaitre en mon cousin et mon papa. Je veux continuer de porter l'Adn de la bienveillance et l'attention aux autres, je veux continuer de faire tremper mes cellules dans la candeur et dans l'amour de l'Autre, je veux incarner le non-jugement et l'humanisme, je veux leur ressembler, je veux être une Ruhlmann.

« Toutes les grandes personnes ont d'abord été des enfants, mais peu d'entre elles s'en souviennent. » *A de St Exupéry*

## Mon 1er enfant, Arthur

J'ai 22 printemps, je connais Jérôme depuis quelques semaines et un jour d'Avril, le test de grossesse est positif.

Je n'ose pas dire que je ne veux pas de cette situation, je vois Jérôme qui semble content de cette annonce, je me décorpore encore…je n'ose pas le décevoir… je n'ose pas parler avortement et pourtant je sais que je ne veux pas de cet homme, que je ne veux pas de son corps, qu'il n'est pas mon chevalier… je me tais, je réprime les volontés profondes derrière un sourire apparent. Je pleure beaucoup, quand je suis seule évidemment, personne ne voit, personne ne sait… Je n'aime pas cet état de gestation, je m'ennuie, le temps est long. Sur les quelques semaines de grossesse qui restent, je m'attache à ce petit être qui grandit en moi mais ne réalise pas tout à fait qu'il va bientôt être là. La relation avec Jérôme ne me convient pas, mais je me dis que ce n'est pas pire que ça… et puis cet enfant qui arrive, il lui faut son père… alors je reste.

11 décembre, ça y est, il est là. Je m'en occupe, je prends soin de lui, je l'allaite mais je n'aime pas ça…j'ai mal, je pleure quand il tète, je redoute le contact avec lui sur cette poitrine. Il est si fragile, si dépendant et puis c'est un bébé… j'en suis responsable.

Rapidement le doute, l'inquiétude, l'instinct mais lequel animal ou maternel ? Il y a quelque chose qui cloche…Ce bébé ne détourne pas les yeux de la lumière, ne cligne pas quand il y un flash d'un appareil photo, ne suit pas du regard, a les yeux rivés au ciel.

La 1ère réaction d'un médecin sera de me dire qu'il est un gros bébé à la naissance, il faut le temps que tout se mette en route… aucune inquiétude à avoir. Et puis les jours, les semaines, pas de changement, peu de tonus, il ne tient pas sa tête… Un jour de Janvier, un ophtalmo me dit qu'Arthur ne voit pas. Coup de massue, la lumière s'éteint pour moi aussi, je suis dans le noir, seule avec mon fils dans le cabinet de consultation… je serais son aidante dévouée.

Comment faire….

Lui apprendre à se déplacer ? Comment faire ?

Lui apprendre à s'habiller ? Comment faire ?

Lui décrire un arbre ? Comment faire ?

Quelle va être sa vie ? Comment va devenir la nôtre ?

J'ai pour seule réponse… qu'il me faut assumer. J'ai devant moi un petit homme dépendant, qui souffre de crampes musculaires, qui régurgite parce que les muscles du tube digestifs sont faibles et qui est là par ma faute, il me faut être à la hauteur de ma lâcheté…

Je vais alors lui parler tout le temps. Je lui explique quels sont ces bruits qui l'entourent, à qui sont ces voix qu'il entend, où nous allons. Tout et tout le temps, ma voix est ses yeux. Je l'emmène partout pour le stimuler à la vie, à différents environnements.

Alors qu'il a 4 mois nous rencontrons une pédiatre formidable qui travaille dans un centre de rééducation fonctionnelle et qui va enclencher la suite des évènements.

Son gros déficit moteur nécessite des prises en charge chez une kiné. Première étape de son long combat, tenir sa tête et la tourner !! Ca n'a l'air de rien mais il lui a fallu des mois…

Et un dimanche matin, Arthur dans son transat face à nous tourne la tête au moment où son père se lève du canapé. Stupéfaction, hasard, coïncidence ? Je demande à Jérôme de revenir s'asseoir à côté de moi, et telles des nageuses de natation synchronisée, nous nous sommes penchés de droite à gauche tout en fixant les yeux d'Arthur. Ses petits yeux ronds, marron descendent à notre niveau et nous suivent, de façon très saccadée (nystagmus horizontal +++), mais on est en contact, on est en lien… Il nous découvre, il voit ses parents pour la 1ère fois de sa vie à 4 mois. Ses yeux sont rieurs et pétillants, les nôtres sont embués puis remplis de larmes…

A partir de là, va se rajouter une prise en charge supplémentaire. Il va intégrer un CRDV (Centre de rééducation pour déficient visuel). Il aura orthoptiste une fois par semaine en plus de 2 rdv kiné, il n'a que 5 mois. Je vais alors me clownifier avec du rouge à lèvre pour qu''il puisse repérer plus facilement les mouvements des lèvres, y associer les sons, développer sa discrimination visuelle, on portera du noir et blanc pour l'aider dans son repérage des contrastes dans l'espace, chaque objet du quotidien doit lui être décrit… les peluches et les doudous sont nos complices pour lisser le nystagmus…

1ère bataille remportée il va se tenir assis sans support à 12 mois !! Et les petites victoires sont de plus en plus nombreuses !! Il fait ses 1ers pas à 2 ans 1/2 avec un très grand polygone de sustentation !! Pour faire simple, il marche avec les jambes et les pieds très écartés pour tenir debout. Il va se mettre debout seul à 3 ans !

Pompon sur le gâteau, Arthur va faire de nombreuses crises d'épilepsie qui engendreront de multiples hospitalisations… Nous les ferons toutes en duo avec mon fiston, son père ne sera jamais présent pour diverses raisons… Rajoutons donc un petit traitement à ce petit corps déjà bien éprouvé et un petit stress supplémentaire à cette maman aux larges épaules.

Au fur et à mesure des années, on va parler comme si on avait fini notre internat de neuropédiatrie. Nos « confrères » nous ont annoncé un syndrome de Sotos, maladie orpheline avec espérance de vie réduite, lourdes prises en charge… pour finalement quelques mois après nous dire que ça n'est pas ça. Arthur et son tableau clinique qui ne rentrent pas dans les cases d'un diagnostic ont finalement beaucoup moins d'intérêt, les suivis s'espacent, ses acquisitions sont constantes et bien renforcées. Il intégrera l'école non sans difficultés mais y trouvera sa place avec beaucoup d'adaptations.

Arrivés à Nîmes, Arthur a 5 ans et son comportement nous interpelle de plus en plus, la nouvelle neuro aussi… Tests, évaluations, encore et bim diagnostic mais celui-ci ne sera jamais remis en question, TDA avec hyperactivité. « En même temps madame, avec toutes les rééducations qu'il a eu, c'est pas étonnant ». Hyper-culpabilisant d'autant qu'on ne sait plus par quel bout prendre le rejeton… Début de Ritaline a 5 ans, je pleure en lui donnant son 1er cachet. Il aura une place à l'école de Plein Air, une école publique à Nîmes qui accueille des enfants porteurs de handicaps divers et variés mais pas suffisamment lourds pour être en IME. C'est un havre de paix où il va faire une bonne partie de son primaire. Il en sort en CM1. Il a 7 ans quand nous nous séparons avec son père. A partir de là il n'aura de cesse que de jouer sur les 2 tableaux, de plonger chacun d'entre nous dans nos limites de compréhensions et de patience. Il va naviguer entre un père-mère et une mère-père…

Ses années collège vont être des années de conflits, de négociations, de mensonges, de chantage au suicide de sa part, de début de scarification… Après toutes ces années de sacerdoce, je romps mes vœux de dévotion et je jette l'éponge et ses affaires chez son père. Je n'en peux plus, j'en ai plein le dos !!! 6 mois plus tard il est de retour à la maison après avoir fait imploser le mariage de son père ! 3 opérations des lombaires plus tard, je reprends force et je traine ma croix jusqu'au bac.

Aujourd'hui il prend tranquillement son envol et sa place d'adulte. En retraçant son parcours, notre histoire, je réalise quel sacré destin, les souffrances par lesquelles il est passé, ce qu'il a dû surmonter. Je suis tellement fière de lui, notre amour n'aura pas été inné mais il est puissant.

Arthur tu n'es en rien responsable des circonstances de ton arrivée dans ce monde et ta famille. Notre histoire est peu commune, notre relation est difficilement descriptible, mais notre amour mère/fils est fort et unique. C'est un amour singulier que nous avons su préserver, renforcer et faire vivre tout au long de nos épreuves. Je t'aime si fort mon Arthuro, jusqu'au bout des étoiles…

# Mon 2ème enfant : Georges

Qu'il m'est difficile de me mettre à l'écriture ce chapitre...je le redoute parce qu'il pourrait être douloureux pour Arthur de lire, de comparer…. Mais je veux remplir ce recueil de vérités et pour cela il me les faut toutes affronter sans faux-semblants.

Pour Arthur, il m'a fallu façonner la corde de notre lien brin après brin. Apprendre, me tromper, ne pas serrer trop fort, créer, inventer, partir de zéro…. Créer un lien maternel alors que j'incarnais le rôle du père, tu m'étonnes que ça n'a pas très bien fonctionné mais malgré tout, notre attache est forte, par moment tendue, d'autres distendue mais jamais elle n'a rompue.

Pour Georges tout fut plus simple, plus intuitif. Je connaissais davantage les tensions et résistances de mes fils. Tout fut simplifié par la profonde et instinctive envie de créer un lien avec cet enfant qui allait venir compléter notre famille.

Avant Georges nous avons perdu un bébé dont j'avais la certitude qu'il s'agissait d'une fille. L'inconscient, les cellules, le schéma familiale. Je n'étais pas prête pour cette aventure…. Je ressens viscéralement que mon corps a refusé ce petit être. Notre fille n'a pas survécu pour son bien, pour le nôtre. Elle s'en est allée le 20 Octobre 2014.

Janvier 2015, Charlie Hebdo et la superette casher sont attaqués. Je ressens ces horreurs avec une telle intensité d'émotion que je comprends ce qu'il se passe en moi avant même de faire un test. Nous n'avons qu'un seul prénom, des années qu'il était trouvé à quoi bon se creuser la tête pour en trouver un féminin puisque c'est notre garçon !!

Que cette grossesse m'a semblée longue elle aussi, je savais que ça serait la dernière mais c'est confirmé, je n'aime pas ça !! La seule satisfaction est de le sentir bouger quand je suis dans la piscine. Ces petits gratouillages contre la paroi du ventre me font penser à un raton-laveur, il sera alors « raton » pour les intimes !!

A la naissance de Georges ce lien invisible, ce cordon était déjà bien tissé et fort, à l'image du cordon ombilical nos âmes échangent et se nourrissent en toute symbiose.

Ce petit d'homme va grandir avec toute sa singularité, dormira assis ou pas du tout, aura un sens aigu des détails tout jeune, parlera comme un livre mais sans dire les « R », n'aimera pas trop les câlins ni le vent ! Je suis avec lui la mère enveloppante, protectrice. Je n'ai pas à avoir le rôle du père, Nico l'incarne dans toute sa mesure. Chacun est à sa bonne place, que c'est doux et apaisant ! Dans le lien avec Georges, les éléments circulent avec fluidité.

Avec son père, nous avons l'espoir commun que Georges soit épargné des épreuves de la vie toute son enfance... quel parent ne souhaite pas cela pour ses enfants ?

Bon bah voilà qui est cuit !! Raton a 4 ans et demi quand ce foutu cancer rentre dans nos vies et la sienne. Il est fort ce bonhomme, je sais qu'il comprend. Mais qu'y a-t-il à décoder de tout ça ? Qu'il faut vivre, et pour cela chaque matin est un cas pratique, sous fond musical nous dansons, nous vibrons. Nous allons à l'école à pied en parlant, en échangeant !! Quelle chance nous avons d'être dans l'instant et de prendre ce temps hors voiture et flash info !! Ma mission, aussi longtemps que je le pourrais : lui assurer le plus de normalité possible. Il est si petit...

Depuis plus de 2 ans, je prends un traitement à la maison qu'il ne voit pas... Il voit les allers-retours au scanner, l'infirmière venir faire les prises de sang, il sait juste que maman a une maladie des poumons et qu'elle doit prendre un médicament « super-puissance ». Il est possible que la donne change dans quelques semaines, la maladie va de nouveau être injectée dans ses peurs, ses silences.... Comme un rappel de vaccin. Il est si petit...

Je veux rester à l'entourer le plus longtemps possible, je n'ai pas le droit de partir trop tôt. Il est si petit...

Mon Georges quand tu liras ces lignes je ne serais surement plus là mais ce n'est pas parce que j'aurai abandonné c'est parce que la maladie l'aura remporté. La seule force qui puisse gagner sur quoi que ce soit, même sur la mort est la vie !! Et pour vivre, je te sais assez grand !!!!

# Ma fille : Anaïs

Je te vois plisser des yeux cher liseur... Anaïs est la fille ainée de Jérôme et de fait la grande sœur d'Arthur. Chez nous, quand il s'agit de frères et sœurs, il n'y a pas de demi, on ne voit pas l'Amour à moitié !

Je rencontre ce petit bout de jeune fille, elle n'a pas encore 6 ans. Je la revois rentrer dans mon appartement fraichement aménagé avec l'aide de son père. Elle a une jupe à carreaux, des collants épais, un sous-pull, et un épais manteau de timidité. La dernière copine de son père a été très malveillante avec cette si jeune et fragile petite fille. Je suis immédiatement sous le charme et à partir de cette rencontre elle aura dans mon cœur et mes maisons la place d'une fille. Nous l'aurons chez nous 1 we sur 2 et à chacune de ses venues, je ferai en sorte qu'elle se sente attendue ! Elle donnera le biberon à Arthur, s'en occupera comme une véritable mini-maman ! Elle me manque quand elle n'est pas là et complète tellement la famille pendant les we où elle est avec nous. La maman d'Anaïs aura quelques jalousies sur notre relation et pendant un temps, ma fillette devenue adolescente ne saura pas trop comment se positionner entre l'égo blessé de sa maman et la belle-maman !! Qu'importe, je lui envoie encore plus de signaux d'amour... persuadée qu'il ne pourra que vaincre, je maintiens nos échanges et nos instants à toutes les 2. Après le divorce, Jérôme rencontre rapidement sa future 2$^{ème}$ ex-femme. Anaïs et Arthur ne la supportent pas, sont en souffrance et trouvent refuge et réconfort chez nous. Les week-ends sont doux et agréables quand on est tous les 4... Georges n'est pas encore né mais Nico prend dans son cœur ces 2 enfants qui ne sont pas les siens mais qu'il aime pourtant si fort.

Pendant ses années de fac, elle viendra chez nous pour se ressourcer, prendre des bains de verdure, nous fera rencontrer un amoureux, puis The amoureux : Marius. A la naissance de Georges elle va être gaga de ce petit raton et Marius va aussitôt être adopté dans notre foyer !! Nous vivrons des week-end familiaux, festifs et fantastiques !!

Chers tourtereaux, je fais le vœu que tout au long de votre vie, votre amour soit votre moteur et qu'il vous permette de garder le cap pour affronter les tempêtes ensemble et savourer les accalmies.

Je sais quelle maman formidable tu seras, si tel est ton chemin de vie ; tu as tant de valeurs et de bienveillance en toi pour cette mission.

Je serai toujours à tes côtés dans tes souvenirs, dans tes lectures d'archimagie, notre connexion est infinie.

# Mutilez ces seins que je ne saurai voir

Tu l'auras compris cher compagnon d'aventures, je te livre des tranches de vie par événements. On peut dire que je me mets à nue à tes yeux comme j'ai pu me mettre face à cet homme de sciences.

Comme d'habitude, je te replace un peu le contexte, je te suggère peut-être de faire une frise chronologique pour ne pas te paumer dans le fabuleux destin d'Elo !! Pour ce chapitre, tu mettras donc ton crayon de papier en 1995, j'ai 15 ans. Mais pour comprendre ce qui se « joue » en 95 il faut encore revenir 3 ans en arrière, soit en 1992.

Pire que des poupées russes !

En 1992, je suis au collège, pas à l'aise dans mon corps, remplie de complexes. Je fais de la natation, j'ai des épaules de déménageurs, je suis la plus grande de la classe et suis déjà munie d'une poitrine plus qu'imposante. Malgré ce tableau, je suis amoureuse du rebelle de la classe, le seul témoin de cette idylle à sens unique est mon journal intime dans lequel je consigne tous les scénarii possibles d'un début d'amourette !! Ledit rebelle est bien plus intéressé par les autres jeunes filles plus fines, plus petites, moins moi en fait, jusqu'au jour où en sport il se rend compte que mon soutien-gorge n'est pas rembourré… il y aura un petit « jeu » de séduction qui durera quelques jours. Naïve, crédule et éprise, j'y ai vu le début de tout ce que j'avais bien pu avoir marqué dans mon confident en papier. Un jour il m'envoie un petit mot « rdv dans les vestiaires après le sport ». Mon cœur s'emballe et imagine avec romantisme mon 1er baiser avec un amoureux. J'attends mon preux chevalier seule dans les contreforts du stade après le basket. A peine m'a-t-il rejointe que la violence de ses mains dans mon soutien-gorge et sur mon entrejambe de pantalon me catapulte hors de ma rêverie avec effroi et torpeur. Pas le temps de réaliser, j'entends le cri du prof dans le couloir qui appelle tous les élèves pour partir, ouf, sauvée mais choquée. Je sors tremblante, honteuse, rouge, hagarde… quelqu'un va forcément le remarquer, se moquer, et si c'était moi qui l'avais provoqué ? Mais pourquoi je ne suis pas aussi plate que les autres, elles au moins ne subissent pas ce genre de choses. Du reste, du haut de mes 12 ans je ne sais même pas trop ce que j'ai vécu. Inutile de préciser qu'après ce rendez-vous le jeune prédateur ne m'a plus jamais regardée ni parlé.

Je consigne cette attaque, cette agression dans mon journal, lui ne me jugera pas, à lui je peux tout dire, et vu qu'il est sous mon lit, personne ne pourra le savoir, mon secret est bien gardé. Quelques semaines plus tard, ma mère me dit que je n'ai pas le droit de marquer ce genre de choses dans mon cahier, que ça ne s'est sûrement pas passé comme ça et que je l'ai peut-être bien cherché. Sage, docile, polie, je ne contredis pas, je n'hurle pas, je ne lui vomis pas la peur, la honte que j'ai eue et que j'ai encore à ce moment-là. Je tais ma répulsion pour cette poitrine. Je crains tellement qu'elle ne le dise au père fouetteur que le silence est d'or.

Les mois et les années passent, les mots se sont enterrés comme ma confiance. A contrario ma poitrine elle, n'a de cesse de se développer. Les tailles de soutien-gorge défilent et l'alphabet commence à être sacrément bien entamé !! A 15 ans, je fais du 105F.

Ça y est tu y es mon cher lecteur, reprenons le chrono !!

Me voilà donc avec ces attributs qui m'attirent plus de railleries, de moqueries et de regards masculins qui me font peurs. J'ai mal au dos, j'ai mal quand je cours, je ne sais plus comment les cacher... un jour ma mère entend parler d'une opération qui consiste à faire une réduction mammaire, le graal, la libération, où ? quand ? vite, il est urgent d'agir.

Nous voilà parties à Clermont, rencontrer un chirurgien avec une réputation internationale. Au 1er rdv, il me demande de me mettre uniquement en culotte. Ce moment est une torture, je suis en détresse absolue. Il prend ma poitrine en photo pour étudier mon dossier me dira-t-il. Ma mère présente n'intervient pas... Il n'y a aucune contre-indication pour cette intervention, la sécu accepte de prendre en charge l'opération, tout est lancé, je trépigne d'impatience, je compte les jours avant la délivrance ! Ça y est, la veille du grand jour arrive, je rentre à l'hôpital et le chirurgien vient faire sa visite pré-op, demande à ma mère de sortir de la chambre, ce qu'elle fait. Il ferme la porte. Une fois seule avec lui, il fait des repères au feutre noir sur ma poitrine, la touche, la palpe, la soupèse. Puis il me demande de me dénuder complètement et me fait m'installer à 4 pattes sur le lit bras tendus et fesses en l'air, je ne le vois pas, il restera de longues minutes penché avec vu sur mon entre-jambe, lui placé au pied du lit. Cet instant durera une éternité, j'ai ressenti une profonde humiliation, un dégout de la scène, là encore, je suis sorti de ce corps. Je n'avais pas les tenant et les aboutissants, mais je savais que ce que je venais de vivre était malsain, loin d'être uniquement médical. Tu penses bien cher bibliophage qu'au vu des remarques et réprimandes de la matriarches quelques années auparavant pour l'affaire du vestiaire, j'ai surtout bien fermé ma bouche, verrouillé les émotions et rien consigné sur le journal du moment !

Je suis ressorti de l'hôpital quelques jours après allégé de + d'1kg de poitrine et d'estime de moi, et avec ceci madame ? Ah bah ça sera tout quand même !

Et non, sinon c'est pas drôle !!! J'ai en tout 1 mètre de cicatrice sur les 2 seins. A la visite post-op, le chirurgien ne nous a pas honorées de sa présence, c'est donc son interne qui a pris soin d'ôter tous les points de sutures sauf 4 à chaque mamelle. Autant dire que le matin suivant je me suis réveillée avec la chemise de nuit en sang, les cicatrices n'avaient pas tenu. De lourds soins infirmiers ont suivi avec des mèches tous les jours pendant 15 jours et une cicatrisation catastrophique. A certains endroits, les balafres font 1 cm de large... Que c'est glamour à 15 piges !!!

Bon an mal an, je m'habitue à cette poitrine à la Frankenstein, je la montre le moins possible y compris à moi-même.

Quelques années après, une copine de ma mère me demande des infos sur cette opération, elle voudrait faire la même pour elle. Je lui donne le nom du chirurgien et le process, sauf la partie cicatrisation. Elle revient me voir quelque temps après, assez mécontente que je l'envoie vers ce médecin. Elle me dit qu'il est mis en examen pour agressions sexuelles et viols sur des patientes. Je ne relève pas et ne voit plus jamais cette dame. Déni quand tu nous tiens !

J'enfouie tout ça au plus profond de moi, je rajoute des couches de bonne humeur, de sourires et de vie comme à mon habitude. Les années passent, les grossesses ravivent quelques inconforts, l'allaitement d'Arthur est un supplice. Cette poitrine que je ne veux plus regarder est source de complexe, de dégoût. Elle aura été la source, la cause de ces agressions. Comment peut-elle être source de plaisir alors qu'elle a provoqué ma perte ? J'explique à Nico ce que je viens de t'écrire mots pour mots mais sans pouvoir lui retrouver le nom du boucher… impossible de m'en souvenir.

Un jour en séance d'hypnose avec mon amie Marie-Alix, je revis un moment terrifiant. Je suis en chemise de nuit, il fait sombre. Un homme s'approche et me viol avec ses doigts. Je ressors de cette séance en larme, désorientée, j'ai alors des doutes sur Jacques mais n'en suis pas sure. Néanmoins je suis persuadé que mon corps et mon intimité ont été abusés c'est une certitude.

Là encore les années passent… Au moment du diagnostic du cancer, mon médecin me dit que pour lui, je m'auto-détruis et me demande si je n'ai pas été agressée sexuellement. Le temps des 5mns de trajet pour rentrer à la maison, tout m'est revenu, son nom, son prénom, le nom de l'hôpital… Je vérifie immédiatement sur internet, plusieurs articles lui sont consacrés à lui : Dr François SUZANNE à l'Hôtel Dieu de Clermont-Ferrand, condamné. Je lis avec stupeur et légitimité qu'il a été accusé d'agressions sexuelles sur des patientes en 2000, 2003 et 2005, il lui est interdit d'exercer en France et au dernier article, il est mentionné qu'il exerce en Afrique.

Je ne suis pas folle, non toujours pas !! Je sais avec la plus profonde conviction que cet homme m'a agressée !! Je ressens dans mes moindres cellules la nuisance de cette personne et de ces gestes, l'homme dans la séance d'hypnose c'est lui, c'est certain.

Je comprends pourquoi je frémis et frissonne quand je suis dans une pièce fermée. Je conscientise que toutes ces agressions (la violence de Jacquot, les agressions sexuelles) m'ont toutes fait mourir à chaque fois un peu et que j'ai peur de ces « mini-morts ». Je peux maintenant lire que le poumon est l'organe de la « peur de mourir ». Jusqu'à preuve du contraire, je suis toujours vivante et plutôt 3 fois qu'une !! De tout ça mon entourage n'en saura jamais rien…encore…

# Mariage 1

Janvier 2003, je rencontre Jérôme, coutelier à Thiers. Je suis rentrée du Club Med quelques mois plus tôt pour convalescence mais je comprends que je ne pourrai pas y repartir comme je le voulais. Un peu dég' je trouve un emploi à Vichy. Ce valeureux coutelier m'aidera à porter le frigo et restera le WE dans mon nouvel appart. Notre histoire durera 8 ans !

Jérôme n'est pas physiquement un tombeur mais intellectuellement c'est le pied, on est sur la même longueur d'ondes, on a cette curiosité commune dans nos lectures, on se fait découvrir des univers musicaux, nos discussions sont très variées et toujours remplies de curiosité. La suite et les années qui suivent ne sont que la reproduction du schéma déjà bien mis en place depuis l'enfance. Approuver sans forcément être d'accord, afficher un sourire bien courtois et poli sans qu'il ne reflète ce que je veux et ressens véritablement.

Avec Jérôme nous fricotons depuis 3 mois quand Arthur s'annonce dans cette atmosphère très bobo, babacool, où les tentures et les poteries remplacent les doubles-rideaux et les porcelaines de mon enfance bourgeoise !! Il déplait au plus haut point à ma mère et ça me fait jubiler !!

Les débuts d'Arthur tu le sais sont fastidieux, avec son père nous sommes relativement vaillants comme de bons petits soldats, mais sentimentalement de mon côté c'est la désertion. Je suis bien avec lui mais ne suis pas amoureuse. Rapidement je ne supporte plus nos ébats et devoirs conjugaux. Je fuis nos corps, le mien surtout. Cette vie de bohème si fraîche anticonformiste de nos débuts m'insécure de plus en plus. Malgré tout ça nous continuons d'avancer dans les projets de vie de famille, auto-persuasion, manque de courage, illusions...

Mais enfin cocotte, ouvre les yeux, agis !!

Ah j'ai agi !! Mariage puis achat immobilier, c'est bon c'est comme ça qu'il fallait faire?!?!

Jérôme m'a demandée en mariage avec un bague en ivoire et ambre qu'il a fabriqué lui-même. Je ne sais même plus dans quel contexte ni comment ça s'est passé. Visiblement bien puisque j'ai dit oui. Nous avons annoncé notre mariage le jour du baptême d'Arthur. Je me souviens avoir dit « c'est le début de la fin ».

Nous organisons pendant des mois cette fête de mariage, une vrai kermesse le truc! Octobre 2005, moi avec une robe orange, lui avec une veste longue tibétaine et des chaussures rouges. Des alliances à la Seigneur des Anneaux (J'ai toujours détesté le fantastique). Notre voiture de cortège sera le taxi pour les transports médicaux d'Arthur, des cactus en guise de dragées, la danse de la carioca pour ouverture de bal, le marié portant la jarretière pour l'anticliché. Cette soirée de mariage sera à l'image de notre complicité, décalée, déjantée, mais assumée. Une fois la bague au doigt, je me sens comme enfermée, enchaînée, encore! Je grossis, beaucoup en espérant que ce corps ne soit plus désirable, ça ne fonctionne pas… Mon annulaire gauche refuse ce précieux anneaux, je fais une allergie à l'or, je suis en anaphylaxie, je gonfle mais ne trouve pas d'antihistaminique.

Les années et les kilos s'enchainent. 2007, nous achetons une maison à rénover. Là encore nos esprits, notre créativité sont en symbiose. Nous sommes sur la même longueur d'ondes. Malgré cette légèreté affichée, quelques mois après je m'effrite à l'intérieur, je sature !! Je perds un peu de poids, je me mets à la course à pied, je reprends la guitare avec un ami/collègue de travail. Avec Guillaume B, nous sommes tous les 2 en perdition. Lui vient de divorcer et moi …. Est-ce que je sais seulement où j'en suis ?? Comme dirait Facebook : situation compliquée. Nous sommes 2 âmes égarées qui nous apportons réconfort et douleurs mutuelles parce que l'histoire est impossible. Parce que malgré tout ce qui n'est pas dans mon histoire avec Jérôme, je ne peux pas le tromper. A défaut de lui être infidèle, c'est à moi que je vais continuer de mentir. Quel sens de l'honneur !! Guillaume va se réparer et va vivre une belle histoire. Je vais me séparer de Jérôme, la maison est vendue 6 mois après l'avoir achetée. Cet éloignement va nous rapprocher !! Nous serons 2 amants clandestins pendant 2 mois.

En quête de sens à ma vie, je me lance dans une formation de Sophrologue en distanciel et quelques présentiels à Paris. A défaut d'avoir été psychologue, je serai quand même un truc en -ogue.

Au retour d'un salon professionnel à Paris, Jérôme acceptera un poste de coutelier à Nîmes, sa ville d'origine, il veut retrouver son père, ses amis, sa ville, sa vie. Il partira en premier et avec Arthur nous restons tous les 2 à Thiers avec l'idée de le rejoindre une fois qu'il aura trouvé un appart. Arthur trouve qu'il ne voit pas assez son papa, sa présence lui manque. Nous faisons donc un rapprochement familial.

Nous arrivons à Nîmes en Février 2008. Cette ville m'est étrangère, les seules personnes que je connaisse sont les amis de Jérôme. Je tourne en rond, je trouve du travail pour arrondir les fins de mois qui sont plus que charrette. Jérôme a accepté ce travail sans que le salaire ne soit aligné à celui qu'il avait à Thiers. Il me dit que c'est le début mais que ça ira mieux dans quelques temps. Mes amis me manquent, mon travail à Thiers me manque, le soleil ne fait pas tout. Heureusement cette formation de Sophro m'anime et me révèle des parts d'ombres bien enfouies comme la violence de Jacques, mon dégoût du charnel avec Jérôme, le fait que je n'arrive pas à appeler ma mère « maman », que je ne supporte pas ses tentatives d'étreintes. J'ouvre les yeux et la lumière se fait sur des traumas refoulés. J'ouvre le cabinet de Sophro tout en étant vendeuse de fringues pour enfants. Je ressens un tiraillement intérieur entre ces 2 activités, à moins que ça ne soit la tenue de Mme Jérôme DOMINGO qui ne soit plus à ma taille, ou alors cet appartement si sombre dans lequel nous habitons depuis notre arrivée. Jérôme dépose sa candidature pour rentrer aux francs-maçons pfffff, manquait plus que lui… Je suis d'une famille de francs-mac. Ils n'ont de francs que le nom… Mon grand-père maternel, Grand Orient, dit aussi les GO (ahahaha comme au club Med, sauf que c'était les Gentils Organisateurs), Jacquouille au GO, ma mère grande Loge de France, mon oncle au GO et ma tante, je ne sais plus quelle loge !! Jéjé fait donc son entrée au GO. Est-ce que c'était déjà là avant ? Est-ce la Loge qui lui fait incarner un nouveau rôle ? J'ouvre les yeux et observe l'échiquier au dallage noir et blanc mais les similitudes avec Jacques vont s'accentuer... J'ai l'impression que le fait d'enfiler des gants et de mettre un tablier fait gonfler leurs égaux mais les gars c'est aussi ce qu'on met pour faire la vaisselle alors on se calme là !

Voilà donc que mon mari fait partie de la bande d'égocentrique des GO... Oh fichtre comment encore mieux reproduire le schéma, les 2 pieds dedans... Jérôme va retrouver un peu de lettres de noblesses auprès de ma franc-maçonne de mère, et oui il devient son frère et elle sa sœur, ohlala ça devient trop incestueux !! C'est comme si tout ce qu'elle avait détesté de lui était glissé sous le tapis de son intronisation... mais quelle mascarade... « mais les profanes ne peuvent pas comprendre » ! Tu m'étonnes.

Bref, il faut donc maintenant rajouter une ligne au budget qui n'était pas prévu.

Jérôme n'ayant toujours pas eu d'augmentation de salaire, notre état financier n'est pas flambant... Il vendra quelques couteaux sous le manteau à l'insu de son boss. Le mec étant plus parano que futé à vite découvert le business et a dans un 1$^{er}$ temps mit mon futur-ex-mari en mise à pied sans indemnisation pendant 3 semaines. Les tensions se sont exacerbées entre nous, pour ma part s'en était trop. Quelques semaines plus tard, son patron a porté plainte contre Jérôme. Je suis partie travailler un matin. La gendarmerie m'a appelée à 8h30 pour me dire qu'à partir de cette heure-ci, Jérôme était en garde à vue et que je devais me tenir disponible pour être entendue à mon tour. J'étais pétrifiée de peur, de honte, de déjà vu avec les malversations de Jacques, mais cette fois, ça va trop loin, pas d'ça chez moi ! Ce fut l'une des journées les plus longues de ma vie... Quand je suis rentrée le soir chez nous, notre appart avait été fouillé de fond en comble, la chambre d'Arthur, la bibliothèque, la cuisine, le tiroir de mes sous-vêtements... L'accusé est rentré à 21h après plus de 12h de garde à vue. Les gendarmes ont trouvé 2 couteaux qui n'avaient rien à faire dans le garage... il leur a dit que c'était un oubli, mais ça ne constituait pas un élément tangible de trafic et de marché parallèle. Jérôme s'est immédiatement placé en victime de la folie de son patron et je n'ai pas eu le courage de le contredire face à ses amis, sa famille, j'ai fait ce que je savais faire le mieux : me taire.

Dans les semaines qui ont suivi cette affaire, nous sommes remontés à Thiers, j'avais plus que besoin d'être auprès des miens dans ces moments troublés. Je me suis retrouvée à la table de mon repas d'anniversaire pour mes 30 ans chez les parents de Pierre-Luc. J'ai observé Jérôme, je suis sortie de mon corps pour observer la scène, lui, moi… et rien, plus rien. J'ai décidé ce soir-là, à cet instant précis de séparer nos routes et de divorcer.

C'est le soir de notre retour dans ses bras que j'ai dit à mon mari que c'était fini. 2 mois après nous étions divorcés. 6 juillet 2010, nous sommes allés au tribunal bras dessus, bras dessous. Nous rentrons tous les 2 dans le tribunal avec nos couteaux que Jérôme nous avait fabriqués avant notre mariage !! Un moment improbable !

J'ai dû trouver un job à temps plein pour assurer le rôle de mère célibataire. J'ai fermé le cabinet, ce fut d'une violence et une terrible déchirure de détruire ce que j'avais mis des années à bâtir à partir de rien. Je commençais à pouvoir me sortir un petit salaire et avais quelques belles perspectives d'associations… Toutefois le ver avait déjà commencé à attaquer la pomme !! Pendant l'enquête sur Jérôme les gendarmes avaient eu une commission rogatoire sur nos comptes et avaient contacté tous mes patients pour savoir l'origine des chèques : relaxation ou couteau ??? En tout cas, moi je l'avais sous la gorge !

Après la séparation de nos biens et dissolution de l'union, le lien ne s'est pas coupé tout de suite, pendant des mois nous avons mangé ensemble plusieurs fois par semaine, il m'a amené à des concerts, m'a offert des cadeaux, partagé mon lit avec un plaisir mutuel rarement connu en 8 ans. Puis il a rencontré sa future ex-femme numéro 2 et elle a mis fin à cette relation unique et atypique que nous vivions.

J'ai appris des années plus tard que Jérôme avait attaqué son ancien patron aux prud'hommes et qu'il a été indemnisé à hauteur de 6000€ pour licenciement abusif, WHAT !!!

Une fois que nous sommes rentrés dans une posture d'ex, les relations se sont tendues un peu, Arthur n'y a pas été pour rien non plus…

Malgré nos nombreux et profonds désaccords sur sa posture de (non) père vis-à-vis de notre rejeton, nous avons toujours eu un profond respect mutuel.

Au moment d'annoncer notre divorce, nos amis m'ont demandé si j'avais rencontré quelqu'un d'autre, ce qui aurait pu leur faire comprendre ma décision. Je n'ai jamais pu leur donner de raisons véritables hormis que ça n'était pas lui, pas ce corps… Bon ce n'est pas très clair j'en conviens !

Ok il avait une hygiène qui ne me convenait pas, il avait dérobé des couteaux pour les vendre au black, mais pour moi ça ne pouvait pas être une raison suffisante. Et puis j'ai compris le 13 juin 2018. Le jour où j'ai appris pour mon papa, le jour où j'ai su que mon père, celui dont je porte les gènes était un homme grand, élancé, tout l'inverse de Jérôme, l'opposé de Jacques !! J'ai résolu le mystère Jérôme dans mon carnet de bal des mecs… Le seul qui ne soit pas grand, le seul qui ressemble à celui qu'on m'avait vendu comme père…

Le lendemain de cette découverte, mon 2$^{ème}$ appel a été pour Jérôme, je me suis excusée de m'être trompée, d'avoir cru à un moment de ma vie que ça pouvait être lui… Mais j'ai projeté sur lui une image d'un faux père, ça ne pouvait alors qu'être un faux mari….

# Mariage 2

L'année qui va suivre le divorce va être riche en rencontres et expériences en tout genre, tu auras compris que j'ai 30 ans, 35 kilos de moins et Arthur 1 semaine sur 2, je ne te fais pas de dessin mais tout est permis !! J'avoue, je confesse, j'ai pris mon pied en mode « libérée, délivrée », âmes pieuses toutes mes excuses !! Vous ferez 3 Je vous salue Marie et 2 Notre Père et l'affaire est dans le bénitier !

Durant cette période, je suis invitée chez des amis et je rencontre pour la 1ère fois, un mec très grand, brun, ténébreux et surtout très silencieux. Son whisky à la main, sa cigarette dans l'autre, ce mec m'intrigue, me dérange, m'interroge...

Nous nous reverrons quelques mois plus tard à la fête d'Uzès en été 2011. Nous discuterons beaucoup plus, nous dépasserons nos préjugés respectifs (il ne parle pas assez, je parle trop !!), un jeu très soft de séduction se met en place. Mais il est dans une relation passionnelle qui le fait beaucoup souffrir. Je sors d'une histoire très courte mais qui m'a dévastée, on se confie l'un l'autre. A cette même soirée, je comprends qu'une blonde de la tablée a des vues sur le mâle et qu'elle ne peut pas m'encaisser. J'te jure que je n'ai rien fait pour, tout du moins pas encore !!

En Septembre, le mâle vit une rupture longue et douloureuse ...nous échangeons beaucoup, nous nous rapprochons, il vient dormir à la maison mais comme il dira toujours « en tout bien, tout honneur » et l'honneur fut sauf jusqu'à sa séparation officielle. Il ne se passera rien entre nous avant ce fameux WE du 1er nov 2011. Veille de partir en WE dans les Pyrénées avec les fameux amis chez qui nous nous sommes rencontrés, un autre de leurs amis Géraud, le mâle ténébreux, Laurent, mon amant du moment et moi. Donc, la veille du départ, Nico puisque c'est bien le mâle dont je parle depuis tout à l'heure, vient dormir chez moi à Nîmes pour être prêt à partir tôt le lendemain matin. Nous envoyons valser le tout bien, tout honneur. C'est donc les yeux fatigués et les papillons dans le ventre que nous partons pour ce WE d'un autre espace-temps. L'alcool y coule à flot, nous enchainons randonnée perdue dans la montagne, nuit blanche, concours de tequila, levé de soleil à côté d'un champ de vache... Exit l'amant et à notre retour, nous sommes sur un petit nuage. Jusqu'au moment où quelques semaines plus tard Nico me fait part de ses sentiments et me donne par la même occasion l'irrépressible besoin de prendre la poudre d'escampette !!! Fuir tout de suite, loin, fort, vite... non je ne veux pas de ces sentiments qui enferment, sclérosent, rendent dépendant, empêche de vivre... reprend ta vie et laisse-moi vivre la mienne. Ah ça il va la reprendre sa vie !!! Il va aller batifoler avec la fameuse blonde et fera en sorte que je sois au courant !!

De mon côté je ne me suis pas en reste!! Dans cette période décrite avec pudeur comme étant du grand n'importe quoi, j'ai rencontré un mec dont je tairai le nom. Notre rencontre fut digne d'une fiction, une connexion physique très forte, c'était électrique, alchimique... 2 aimants attirés l'un par l'autre. Nous nous sommes tournés autour pendant des mois en faisant en sorte que nos corps ne se touchent pas trop tellement le courant était survolté ... On passait des nuits entières à s'échanger des musiques, à se provoquer, à affuter notre imagination, un matin il a même débarqué à 6h tellement la nuit avait été magique par écran interposé...il ne se sera rien passé. Pas encore. Il était en couple. Mais ne débordons pas sur un chapitre ultérieur !!

Quand j'ai appris le fricotage avec la blonde, j'ai vu rouge ! Comment ? Il n'est plus disponible ? Mais qu'est-ce qui se passe ? Je suis jalouse ? !! Mais qu'est-ce que cela peut-il bien vouloir dire ? Et ben t'es amoureuse cocotte !! Fichtre, je ne m'attendais pas à ça !

Bon j'ai encore un peu rechigné mais une fois que Nico a su m'apprivoiser et moi accepter son franc-parler, on s'est lancés et avons emménagé ensemble. Les premiers mois ont été une succession de fiestas et de soirées arrosées. J'ai eu envie de me marier avec lui, de prendre l'engagement le plus solennel jusqu'alors !! Ce mec est mon pilier, mon antidote à toute mon instabilité, il apaise mon hyperactivité, son pragmatisme coupe toute angoisse. Je me sens en sécurité ! Alors pour tout ça et pour l'Amour que j'ai pour lui, je fonce à l'autel !! Mais que les choses soient dites, il n'y aura pas d'enfants. Une fois OK, mais pas 2 !!

En 6 mois tout est bouclé, le traiteur c'est notre propriétaire, le lieu c'est son pote qui a une manade, le Dj c'est son pote pourquoi faire compliqué quand on peut faire simple, plus qu'à dire oui !

Pour être sûre de ne pas faire d'erreur, en même temps que je me penche sur un plan de table et autres préparatifs, je reprends la psychanalyse… Pendant ce travail, je mettrai à jour le fait que je n'ai aucune envie que celui que je pensais être mon père soit présent ce jour-là et encore moins que ce soit lui qui me conduise à Nico. Je prends alors mon courage et mon téléphone et éconduit celui qui pensait me conduire !

Ce 18 mai, Pierre-Luc ne pourra pas être avec nous, il me manquera tout au long de la journée… J'aurai une pensée pour Pascal. Famille en carton comme celle de mon cœur ne sont pas tous là !

Une fois mariés, les soirées s'espacent mais l'alcool reste présent, je découvrirais qu'il sera le troisième élément de notre couple. Je n'en veux pas, mais veux de mon mari. Il est hors de question qu'Arthur grandisse avec ces repères et ces références. Nico prendra alors une 1ère cure de sevrage médicamenteux. Il s'en sortira avec force et ténacité, qu'il est fort mon héro !!

En 2014, nous montons en Auvergne, faire la découverte de Gabrielle, la 2nde fille de Pierre-Luc. Elle va réveiller chez moi une envie soudaine de maternité, de la voir dans les bras de Nico, je le sais il sera un père merveilleux !! Georges est né 15 mois plus tard !! A la naissance de notre raton, Nico va décider d'arrêter de fumer mais l'effet des vases communiquant, l'alcool revient, insidieusement, à pas de loup… Je ne le connais que trop bien ce prédateur qui reste tapi dans le noir…. Il reprendra une 2ème cure qui fonctionnera elle aussi…

Arthur nous en fait baver des ronds de chapeaux, Nico ne flanche pas, solide comme un chêne, mais moi j'en ai plein le dos, c'est le cas de le dire…. 3 opérations, des prothèses bien vissées me voici prête à affronter la réalité en face… cet enfant me bouffe la vie… Avec Georges si facile, la réalité me saute en pleine visage! A défaut d'être exprimés, les maux vont s'imprimer dans la colonne !! Nico sera à mes côtés, sans faille, toujours égal et constant !! Qu'il est énervant d'être aussi linéaire mais qu'il me sauve, moi qui rêve secrètement de folies, d'excès, de retrouver l'électricité de mon amant mystère... L'amour de mon mari va m'aider à traverser mes tumultes démoniaques secrets. Nous lançons enfin les travaux pour la maison, nous l'attendons depuis des années !! Ça y est, on va concrétiser un de ces projets que l'on fait après avoir fait l'amour, celui de construire un nid... il va le bâtir, brindille par brindille. Le défi va être de ne pas négliger ses clients pendant la construction. Du stress, du impératifs professionnels supplémentaires, et son démon rentre dans notre maison. Nous emménageons, nous plaçons chaque meuble, nous agençons les espaces et une tireuse à bière vient y trouver le sien. Je ne fais pas l'autruche, nous parlons de son alcoolisme qui le poursuit, qui le hante, qui me pèse. Il est conscient, tâche de contrôler, de séquencer les prises d'alcool davantage sur les WE, on trouve une sorte d'équilibre à 3.

Tout vacille, le diagnostic du cancer nous explose au nez, la peur nous envahie et nourrie nos failles …. L'ivresse pour oublier l'insupportable, anesthésier les peurs, les dompter. Pendant qu'il joue à ses jeux vidéo et qu'il boit, la maladie n'existe pas, ma prochaine mort n'est plus dans la même pièce… Comment lui en vouloir ? Comment je réagirais si la situation était inversée ?

Mais pour ce qu'il nous reste à vivre, je n'en veux pas quand même… Il essaie, il comprend, fait comme il peut mais il peut peu… Alors je l'aime, encore plus, comme pour conjurer, l'exorciser. Nous allons fêter nos 9 ans de mariage. Des années qui n'auront été ni roses, ni faciles, ni douces mais toujours guidées, portées, animées d'un amour véritable. Celui qui guérit les peines, celui qui fait naître des projets de voyage même quand la veille on avait envie de tout plaquer, celui qui fait voir le meilleur de l'autre.

Je ne sais pas s'il me sera donné la possibilité de fêter nos 10 ans de mariage mais j'ai aujourd'hui la chance de vivre ce grand Amour, alors je m'attache à en capter les plus précieux moments au lieu de porter le regard sur ce qui m'insatisfait !!! Et oui tu le sais aussi bien que moi : la critique est aisée !!!

# Carnet de bal

Loin de faire la nymphomane mais voici quelques belles histoires qui ont fait chavirer mon cœur. Note au lecteur, chaque nom de danse est à l'image de l'histoire, bon chapitre dansant !!

*Tango*, Julien …. Histoire en 3 actes…

Julien Acte 1

1995, on est dans la même classe en 4ème c'est THE beau gosse !!! D'origine espagnole, grand, brun, les yeux bleus, il est né le 11 décembre !! Il est copain avec Aurélien Rougerie futur joueur de rugby (merci à lui pour l'acte 3). Julien habite à 100m de chez moi, ses parents ont un restaurant à Thiers. On prend le bus ensemble pour aller au collège. On va super bien s'entendre mais il fera en sorte que notre entente passe inaperçue, tout du moins aux yeux de ses copines. On va se fixer des rendez-vous les mercredis après-midi. Il viendra chez moi, parce que je n'ai pas le droit de sortir !! Le Grand Bleu va nous inspirer à faire plonger nos mains sous nos habits en immersion sur nos corps consentants !!! Qu'ils seront doux et agréables ces flirts, je voudrais que ces instants cachés durent plus longtemps… Je pars au lycée à côté de Clermont et lui aussi mais nous ne nous verrons plus jusqu'au….. suite à l'acte 2

*Danse du ventre* Oussman… C'est grâce à Laëtitia que je rencontre cet être de douceur. J'ai 15 ans. Ma mère ne m'autorise à sortir que de 15h à 17h. J'ai le droit d'aller voir Laëtitia chez elle mais c'est au garage d' Oussman que je passerai ces après-midis clandestins de juillet 1995. On s'y retrouvera tous les 4 dès que j' ai le droit de sortie ! Ma mère n'en saura jamais rien. Laëtitia a un amoureux, Mevlut un peu plus âgé que nous et grâce à lui, je vais rencontrer Oussman. Ils ont tous les deux 18 ans. Avec Oussman, c'est les slows dans un garage aménagé, l'odeur des pâtisseries turques, se cacher pour que ses parents ne le voient pas avec une fille française. On se voit le mois de juillet parce qu'en Août, il part au « bled » mais quand il rentre, il parlera à son père, il me l'a promis pour lui dire pour nous 2. Ses semaines me semblent interminables !! il rentre, on se voit enfin, cette fois tous les 2 !!! Il ne se passera rien de plus, il veut que mon honneur soit intact !! Bientôt il va parler à son père... Mes parents bourgeois et bien de droite ne savent rien de mon amour oriental !

Mevlut, Laëtitia et Oussman me disent de venir avec eux en boite pour fêter le permis de Mev ! Je n'en parle même pas à mes parents, je sais que ça sera non et encore plus avec les prénoms des 2 garçons... Ils sortent un vendredi soir de Septembre 1995 en 205 GTI rouge. Le lendemain matin, avant que j'aille au piano, la mère de Laëtitia m'appelle pour me dire qu'ils ont eu un accident de voiture. J'appelle Laëtitia à l'hôpital. Elle n'a pas de grosses blessures, heureusement elle était à l'arrière, Mevlut son copain n'a rien, Oussman est mort. Mon amoureux, celui qui me faisait danser en me chuchotant à l'oreille est mort sur le coup. Comment c'est possible ??? Il n'avait que 18 ans, toute la vie devant lui, avec moi... Je dois passer au magasin de ma mère avant d'aller au piano, je n'ai pas d'autre choix que de ravaler mes larmes, de ne rien laisser paraitre, ils ne doivent pas savoir. Alors je fais semblant, je cache, je souris. En allant au piano, je pleure, avec Pascal je m'effondre. Je laisse place à l'émotion. Ma leçon se termine, je n'aurai joué aucune note ce jour-là. Il me faut rentrer et de nouveau dissimuler.... A table, l'accident alimente la discussion « ... et toute façon ses bougnoules avec leurs voitures trafiquées, bien fait pour sa gueule »...dixit le Jacquot No Comment....

*Raggamuffin* Benjamin. On est animateurs aux Eclés mais pas dans la même ville. On fait connaissance à un regroupement de différentes antennes. C'est un baba cool le Ben ! On va être défoncés avec des cigarettes rigolotes une bonne partie de nos journées. Il va m'offrir une guitare et m'apprendre à en jouer. On part en vacances avec son groupe d'amis à l'île d'Oléron, on enchaine les festivals, on ne se prend pas la tête... On vit une belle romance baba-cool qui se terminera quand j'irai bosser au Club Med, trop capitaliste pour lui.

Julien Acte 2

De retour du Club Med en décembre 2002, j'ai un repas professionnel au resto de ses parents. Ils me disent bonjour et sa maman me dit que Julien est en cuisine et va le chercher. Mon sang ne fait qu'un tour et vient s'agglutiner sur mes joues qui ont du s'empourprer immédiatement. Oh My God qu'il est beau !!!!! 6 ans se sont passés, on est super contents de se retrouver et rapidement un sentiment d'inachevé vient pointer le bout de son nez. Sentiment réciproque puisqu'il va me proposer immédiatement qu'on se voit ailleurs qu'au resto ! Le lendemain soir, nous voilà ensemble à boire un drink... il me parle de son lycée, de ses études supérieures, du fait qu'il se soit marié avec une américaine quelques mois auparavant pour avoir un visa et part la rejoindre aux USA dans 4 jours. Je suis abasourdie ! Non, comment ? On s'est loupés de quelques mois, de quelques semaines... Oh non l'amour d'adolescence vient de prendre un coup dans l'aile. Mais qu'à cela ne tienne, son alliance ne fera pas long feu et nous passerons une nuit dont il se souviendra encore à l'acte 3 et moi aussi !!

Les 4 jours avant son départ sont passés à une vitesse folle, il est parti rejoindre sa femme. J'ai gardé de lui des souvenirs enflammés et une adresse mail.

*Flamenco* Jérôme. Je le rencontre chez son ex, Anne-Marie avec qui j'ai sympathisé. J'étais la directrice d'un centre de loisirs, boulot pour lequel j'avais fait ce repas pro au resto des parents de Julien. C'est bon, t'as remis le bazar !! C'est dans ce centre que j'avais le fils d'Anne-Marie, Guillaume en « garde ». Jérôme et elle venait de se séparer. Mais était en bon terme. Cette même Anne-Marie habitait l'étage du dessus de Laëtitia !! le tout à 10m de chez Pierre-Luc et à 15m de chez Julien !!!! Le tout étant à moins de 200m de chez moi !!!!! Tout est donc très local !!

Jérôme n'était pas le père de Guillaume mais a agi comme tel jusqu'à la naissance d'Arthur, allant jusqu'à verser une pension alimentaire, mais il ne l'a jamais reconnu... Je rencontre donc Jérôme chez cette Anne-Marie .

Quand j'étais enceinte d' Arthuro, un jour de Novembre, nostalgie douloureuse de Julien, envie de quitter Jérôme... me voilà devant l'ordinateur à envoyer un mail à Julien. Je lui demande de ses nouvelles, sa vie aux États-Unis, je lui dis que je suis sur le point de donner naissance à un petit mec dans quelques semaines et que ça me ferait plaisir d'avoir une réponse... cette réponse ne viendra jamais, mais Arthur si, il va naitre le ….11 Décembre. Ils sont liés à vie par leur date de naissance !!!! Ok mais là tu te dis : où est l'acte 3 ?? il arrive, il arrive….

Julien acte 3

En 2008, nous sommes à Nîmes depuis le mois de Février et je ressens un sentiment étrange... Julien n'est pas loin, je le ressens au plus profond de mes tripes.... Mais enfin gallinette, ça n'est pas rationnel du tout, alors je le mets de côté ... au mois d'Août vraiment cette intuition est trop forte. J'en parle à une copine de Nîmes et me dis d'essayer de le trouver... Ni une, ni deux, je cherche sur internet, rien.... Je me souviens qu'il était très copain avec Aurélien Rougerie devenu joueur de rugby international !!! J'associe les 2 prénoms et là ça match !!!! Waouh euphorie, les larmes, l'émotion... encore un peu de calme.... Il lui a écrit un commentaire sur sa page ok mais ça ne me dit pas où il est !!!! Facebook est très récent sur la toile, je me crée un profil, je le cherche et le trouve, il habite à ... Barcelone !!! A 4 heures de Nîmes !! Je suis en ébullition, j'ai envie de courir, de monter dans la voiture, de le retrouver, de l'embrasser, qu'il me déshabille et.... Hop hop hop tu te calmes oui ! D'abord sur les photos de son profil, il n'est en couple qu'avec des bombes genre mannequins qui n'ont jamais eu de bébé de plus de 5 kgs dans le bidou et puis accessoirement je suis mariée....

Ok mais ce dernier point ne m'empêche pas de prendre contact avec lui, aussitôt dit, aussitôt fait !! Réponse immédiate de sa part !!!! N'en jetez plus, il n'en fallait pas plus pour que mon petit vélo-mélo sentimental s'emballe !! Je vais retrouver Julien quoi qu'il en coûte, Olé !!

Avec cette copine de Nîmes on élabore un WE à Barcelone, c'est une très belle ville parait-il ? J'ai vraiment besoin de faire un break et un WE entre filles est fortement conseillé !! Cela dit ce n'était pas tout à fait faux ! Julien m'attend et me consacre le vendredi après-midi ! Nous voilà partit en virée hispanique. Vendredi matin one the road, arrivées au parking de l'hôtel, je l'appelle, il habite à 5mn de là et vient me chercher. Je le vois arriver au loin, je reconnais sa démarche entre 1000, mon cœur bat à tout rompre... calme toi petite Elo !!! Il me fait une bise très appuyée pour me dire bonjour. Il a toujours ce même parfum... un véritable piège à gonzesses !! Il m'amène chez lui, on s'installe sur sa terrasse. On discute, il me dit avoir divorcé quelques mois après son arrivée aux USA, que ça n'allait pas du tout là-bas. Il est à Barcelone depuis quelques années, a un super job, semble bien gagner sa vie, se déplace en scooter. Je lui dis que je ne l'ai jamais oublié, je lui demande s'il a lu le mail que je lui ai envoyé en 2003 ? Oui il l'a lu mais il a eu peur que le bébé dont je lui parlais soit de lui, il n'a donc pas répondu. Mais qu'en revanche il se souvient très bien des nuits d'il y a 6 ans !! Je n'ai pas la gestation d'un lama, 1 an entre les galipettes et la naissance d'Arthur, revois tes cours de biologie cher ami !!Oh le courage du gars, le mythe s'effondre, il vient de perdre de sa superbe.... Il tente de m'embrasser mais ma fidélité envers mon mari ou mon orgueil qui vient d'en prendre un coup, il ne va certainement pas tirer le sien avec moi. Je repars désabusée, déçue, le we me fait découvrir une ville superbe et comme à mon habitude, je m'attache à savourer ces moments les yeux grands ouverts pour ne pas perdre une miette !! Nous reprenons la route le dimanche matin pour Nîmes et en sortant de l'hôtel, au feu rouge, un scooter vient s'arrêter à coté de ma voiture. Ce parfum, cette carrure, c'est lui c'est sûr, il tourne la tête, me regarde, c'est lui... et cette brune à l'arrière, c'est sûr c'est elle....  Fin de l'acte 3 et fin de l'histoire avec Julien. L'autoroute me ramène dans mon quotidien avec « My heart is so broken » de Bjork en B.O.

Nico rentre par la porte des artistes dans ma vie, mais souviens-toi, en tout bien tout honneur !!

*Saoule* l'homme mystère. On se rencontre chez des amis, il est en couple, l'accroche est immédiate !! C'est comme si nos deux âmes se retrouvaient !! Les délires sont nombreux, les mêmes. La musique fera partie intégrante de notre relation. On est capables de rester des heures sur nos PC pour s'envoyer des messages via Facebook avec des morceaux de musique, à attiser les braises... Le feu brûle, la passion nous dévore, nos baisers seront fougueux mais pendant des mois nous ne ferons que fantasmer la rencontre de nos corps. On ne se verra pas beaucoup mais à chaque retrouvaille avec d'autres personnes c'est comme si les autres n'existaient plus, c'est l'ensemble de nos corps qui sont sous tensions. On évite de se toucher tellement nous sommes électriques. Et puis un WE de décembre il doit couvrir son patron qui part batifoler en Espagne, ils disent à leurs femmes qu'ils ont un WE de chantier. Il viendra donc passer le WE chez moi. Arthur est chez son père, il n'y a pas d'autre homme dans ma vie, Nico est avec sa blonde, tous les voyants sont au vert !! Le programme est décidé : ça sera alcool, drogue, sexe et musique !! On l'a respecté à la lettre !! Je travaille le samedi, on se retrouve donc le samedi midi à mon appart et je pars bosser l'après-midi, elle me semble interminable. Je sais qu'il est là, à deux pas... 19h enfin, vite que l'on ferme ce magasin. Je rentre chez moi, il est là. Je vais fermer les volets à 19h30 pour ne les rouvrir que le lundi matin. Le WE sera passionné, doux, long et court. Il est à la dérive, je suis sa bouée de sauvetage, je suis la pomme, son fruit défendu dans lequel il vient de croquer avec délice. Nous ne sortirons des draps que le dimanche en fin d'après-midi pour aller prendre une douche avant qu'il ne rentre chez lui. Son WE de chantier touche à sa fin... il faut effacer l'odeur de nos phéromones. Quand il part, je suis dévastée par la douleur, je sais que cet instant restera unique. J'ai mal dans tout mon ventre, le feu m'a consumée. Nous continuons de nous voir avec nos compagnons de vie respectifs, nos corps savent, vibrent quand ils sont près l'un de l'autre mais plus jamais ils ne se toucheront, ce serait trop dangereux ! Il reste dans ma vie et vient me hanter régulièrement comme un gentil Casper.

*Swing* Nico... la suite tu l'as !

Je n'ai pas été une enfant de cœur mais j'ai toujours été fidèle à mes maris, on dirait une mante religieuse qui parle !! Pour ce qui est de la fidélité, chacun s'arrange à sa sauce avec son miroir. Pour le mien je sais que l'image n'est pas des plus nettes mais elle n'est pas non plus trafiquée ! Je n'ai jamais trompé mais ai souvent été l'autre, celle de l'ombre... c'est plutôt agréable dans le sens où je n'avais aucun compte à rendre à personne. J'avais malgré tout un profond sentiment de liberté au moins aussi fort que celui de solitude !!

Je n'ai aucun regret, j'irai même jusqu'à dire que s'il fallait tout recommencer, je ferai exactement les mêmes choix. J'ai vécu intensément chaque moment, j'ai vibré sincèrement avec chacun.

Ça n'a pas été le bonheur parfait mais je me suis attachée à vivre ces fameux Petits B. On a tous tendance à être en quête de ce bonheur parfait à tous les niveaux, conjugal, familial, professionnel, social... Illusions, désillusions, frustrations... Alors qu'il suffit d'ouvrir ses antennes, de déployer ses capteurs et se délecter des petits bonheurs rendent le quotidien plus gai, plus joyeux...

Je me souviens d'une anecdote. Je montais en Auvergne pour aller passer un WE solo chez P-Luc. Sur l'autoroute, un gars plutôt séduisant me double, nos regards se croisent, il ralentit je le double à mon tour et ce petit manège dure comme ça pendant quelques kilomètres. Finalement nous nous arrêtons sur une aire et là déception totale, le mec est tout petit !!! on prendra un café ensemble et repartirons chacun vers nos destinations !!! Le café n'était pas bon, le gars était charmant mais rastaquouère, mais ce moment a été délicieux parce que vivant !!

# Pendant qu'on travaille, on ne regarde pas la vie dans les yeux.

*Carlos Ruiz Zafón*

Qu'est-ce qu'elle est juste pour moi cette citation !!! Il n'y a que dans des moments de pauses dans le travail que j'arrive à écrire et à me recentrer. Merci le cancer !!! Ahh il faut bien qu'il serve à quelque chose de positif !!!

J'ai toujours voulu faire un métier tourné vers les autres... infirmière, assistante sociale, psy pour enfants, métier de l'humanitaire... mais pour tout ça il fallait bosser en cours et c'est là que le bât blesse. J'ai quand même réussi à avoir le bac, ce fameux pass pour les études supérieures. Je vais louper le concours d'entrée à l'école d'infirmière, vais rater de peu celui d'assistante sociale, je me retrouve donc sur les bancs de la fac de psycho à Clermont. Mais la fac c'est encore plus insidieux parce que personne pour pousser à bosser.... Dès la 1ère année je me rends compte que c'est à celle de Lyon qu'il me faudrait aller, c'est de la psycho clinique là-bas... Jacques me dit ne pas avoir les moyens malgré la coquette somme que ma mère lui a laissé pour mes études, j'arrête la fac et part bosser au Club Med. J'ai mon Bafa depuis mes 17 ans, bosse chaque été en centre de loisirs, fais du bénévolat pendant 3 ans en tant qu'animatrice et directrice de séjour pour enfants aux Eclés parole de scout !

Me voilà partit avec mon sac à dos et ma naïveté en saison d'hiver aux Ménuires avec le Club Med, je découvre un monde totalement inconnu. Tout y est factice, les relations avec les clients sont uniquement « commerciales » et celles avec les autres salariés sont assez superficielles mais le temps de quelques semaines, ça me va bien !!

Je retourne en tant que G.O (Gentil organisat-eur-rice) pour d'autres semaines à l'Alpes d'Huez, toujours en tant qu'animatrice pour enfants. Je ne vais pas vraiment m'éclater mais ça me fait voyager et vu qu'on est nourri, logé et les déplacements pris en charge, je gagne plutôt bien ma vie !!

Eté 2001, embarquement pour le Maroc, saison complète d'été ! Je profite pleinement !! Rien à voir d'arriver en même temps que tout le staff ! De vrais relations se créent avec les autres G.O, Fred notamment, une copine de chambrée que je continuerai de voir jusqu'à mon mariage avec Nico !

Là-bas je me blesse au genou, le doc de l'hôtel me fait rentrer en France à 3 semaines de la fin de la saison…. Je dois me faire opérer du genou…. Je rentre à Toulon, ma mère a déjà pris rendez-vous avec un chirurgien. Rien de grave et je fais ma rééducation sur la Côte d'Azur. Une fois rétablie, le Club ne me fait pas repartir à Punta Cana comme je le voulais et me propose un pauvre village en Normandie en m'avançant que s'il fallait me rapatrier, ça leur couterait moins cher…. Je décline le berceau de la crème fraiche et retourne à Thiers.

Je rentre au service jeunesse de la Mairie en tant que directrice de centre de loisirs puis enchaine avec un poste d'animatrice de quartier à côté de Vichy. Mon contrat se termine Arthur a 2 ans…

Je vais enchainer des boulots d'animatrices pour différentes structures jusqu'à rentrer à l'UFCV grâce à un ami des Eclés. Je vais être sa directrice adjointe. Avec Guillaume B, nous vivrons une complicité professionnelle et personnelle hors du commun. Nous formons une équipe animée par les mêmes valeurs éducatives, dans les mêmes visions pédagogiques, une réelle complicité qui durera plus de 3 ans. C'est avec déchirement que je pose ma démission en 2008 pour rejoindre Jérôme à Nîmes.

J'ai commencé une formation de Sophro à distance et avec des WE ce cours à Paris. En parallèle de ça, je trouve un boulot à Sergent Major en tant que vendeuse dans un magasin de vêtements pour enfants à Nîmes. Ça ne m'emballe pas des masses mais c'est un remplacement de congé maternité, ça m'assure au moins quelques mois de travail. J'y vois et rencontre beaucoup de monde… Niveau sociabilité, je suis servie mais je suis en décalage avec cette formation de sophro tournée vers le bien-être et l'introspection et l'aspect plus futile de vendre de habits que je n'ai même pas les moyens d'acheter à mon fils.

Je vais changer de lieu de magasin mais rester dans la même enseigne, ça y est en parallèle je me lance et en 2009 j'ouvre mon cabinet de Sophro… Le démarrage est timide et se fait essentiellement par mon réseau de copines et connaissances que je me suis faites à Nîmes. Je reçois dans mon salon et ça marche !!!

En 2010, je commence à pouvoir me sortir un petit salaire de mon activité et ai quelques belles perspectives pour intégrer un cabinet de plusieurs thérapeutes…. Patatra ! Divorce, fermeture du cabinet…

Le temps partiel à Sergent Major ne me suffit pas et je vais trouver un temps plein dans un magasin d'art de la table et de décoration haut de gamme à Nîmes. Je suis maman solo et il me faut assurer pour Arthur et moi d'autant qu'on n'a pas fini de payer le crédit pour payer notre mariage avec Jérôme !!!!! J'enchaine les heures, travaille encore le samedi mais essaie malgré tout de faire un maximum d'activités avec Arthur !!

La rencontre avec Nico me permet de revoir mes priorités par rapport à une vie de famille, un équilibre pour Arthur, je quitte le poste de vendeuse. Plus de 30 ans, je ne sais pas trop ce que je veux faire mais en tout cas je ne veux plus bosser les samedis !!

Je trouve un job à 40 kms de chez nous, je vais être animatrice pour… des séniors !! C'est de loin le job qui m'a le plus apporté humainement. Il m'a embarqué dans une profonde réflexion sur les relations humaines, les rapports parents/enfants, les liens familiaux et vu la funky family tu imagines le chantier !!

Au bout de 6 ans, les trajets n'arrangent pas mes douleurs au dos, et puis je commence à tourner en rond dans les activités à proposer, les sorties reviennent inévitablement…. J'ai envie de remonter le cabinet de sophro. Je quitte donc les papis mamies, on emménage dans notre maison et je me lance dans la communication pour mon futur 2$^{ème}$ cabinet de sophro. Stoppée en pleine prise d'élan par le covid !! Je me dis que si le destin en a décidé ainsi c'est que ce n'était peut-être pas la route à suivre. De toute façon mon karma ne me laisse pas trop de répit puisque le diagnostic tombe en sortie de confinement.

A peine le temps de gérer les effets secondaires du traitement qu'il me faut travailler, vite c'est vital. Tant que je travaille, je ne suis pas malade. Voilà ce que je crois. Je postule à la Communauté de Communes d'Uzes (CCPU). Je viens de lire un article, un lieu d'accueil pour ados va ouvrir ses portes !! La Mifa, je te passe l'acronyme qui n'en finit pas !! Pour faire simple c'est un lieu très cosy où plusieurs structures cohabitent. Ce sont des partenaires pour accompagner les ados, les parents, les familles… et la CCPU y a une équipe d'animation pour tenir le lieu et faire le lien quand des situations se présentent. Oh que l'idée me plait. Je passe l'entretien, on me propose les mercredis, vacances scolaires en centre de loisirs avec des maternels et quelques heures à la Mifa avec possibilité d'augmenter le quota avec les ados !! J'accepte bien volontiers cette nouvelle mission. Je fatigue beaucoup avec le rythme des centres aérés et la Mifa me plait tellement. Sauf que voilà, au bout de quelques mois, la fatigue prend le dessus et j'ai besoin de 5 mois de repos pour me remettre de 6 mois de travail !!! Pas très rentable cette affaire. Je reprends le travail en Septembre 2021 avec une rage de vivre !! Ils acceptent toutes mes demandes, dont celle de ne plus être sur les centres de loisirs mais à la Mifa sur toutes mes heures de travail. J'ai vraiment beaucoup de chance d'être entendue et comprise.

Je travaille auprès d'adolescents dans une structure où tout est libre !!! Dans les locaux, il y a la Maison des Adolescents avec des professionnels de l'accompagnement, des psys, des éducs, des art-thérapeute. C'est un bonheur intellectuel et humain d'être à leur contact. Laura, une des psys me permettra par nos échanges de faire des bons de géants, tant professionnels que persos. Elle est en service addicto sur une autre structure, il n'y a pas de hasard. Elle ne le sait pas encore mais ses retours sur ses accompagnements auprès de dépendants vont m'apporter un réel soutien dans les périodes où je ne supporte plus le couple Nico/alcool. Au-delà de son professionnalisme, une réelle amitié va naître entre nous en toute sincer-plici-té. Avec Fabrice, le coordinateur de l'antenne de la MDA, nous allons être un trio de Zinzins. Je ne pensais pas pouvoir revire une dernière fois une telle complicité sur mon lieu de travail !! Nous serons sur la même longueur d'onde sur la qualité de l'accompagnement que nous voulons proposer, nos frustrations de nos hiérarchies seront les mêmes, nos esprits acerbes, cyniques et humours noirs s'alimenteront les uns les autres. Le trio est détonnant !! Avec le reste de l'équipe, l'entente est très agréable aussi…je ne peux pas ne pas parler des autres et de leurs qualités si belles et précieuses. Céline qui est une véritable maman pour l'équipe, Daniel qui est un être de Lumière guidé par la Foi en toute discrétion et incarnation, Romain (mon chouchou !!) l'artiste qui n'a pas encore pleine conscience de la grandeur de son talent et de sa générosité d'âme, Jessie dont j'admire l'honnêteté, son franc-parler, sa remise en question. Contre toute attente, je suis titularisée en fin de CDD. Je vais braver les montées et le mistral en vélo électrique pour aller travailler une fois les métastases décelées… Vous conduisiez, j'en suis fort aise, et bien pédalez maintenant !!

La fatigue d'un traitement supplémentaire, l'intuition, la peur d'avoir moins de temps que ce que je pensais pour être auprès de mes hommes… je décide d'accepter un arrêt de travail qui pour le moment est à durée indéterminée !!

Le temps, quelle notion impalpable, inconstante, effrayante… Si l'on me proposait de savoir de quoi demain sera fait, je ne sais pas si je voudrais véritablement le savoir.

Du temps nous en avons tous mais qu'en faisons-nous ? Attendre, regretter de ne pas en avoir plus, au risque de…

Ne pas le gaspiller et le mordre à pleine canines chronophages au risque de…

A défaut d'apporter une réponse tranchée et binaire, je te conseillerai juste de monter sur ton Everest et de savourer le chemin, d'apprécier les rayons de soleil, les paysages, les rencontres, de te renforcer de tout ça pendant les tempêtes, les montées, les blessures… et si tu arrives en haut, alors ça sera la cerise sur le glacier !!!

> « Quelquefois, il y a des sympathies si réelles, que se rencontrant la première fois, on semble se retrouver. »

Cette phrase est tellement juste pour chacune des mes rencontres amicales. Pour ne pas surcharger ta lecture par d'énième dates, je vais tâcher d'organiser ses retrouvailles d'âmes par décennie. Ce n'est pas un exercice facile… la crainte d'oublier quelqu'un n'est pas bien loin, si c'était le cas je m'en excuse par avance, let's go…

De 0 à 10 ans : le néant, aucun souvenir…

De 10 à 20 ans : Laëtitia ma copine de collège qui va m'initier l' écoute du corps, à l'ouverture d'esprit et au non jugement. Puis avec mes années lycée Céline et Pierre-Luc que tu connais déjà.

De 20 à 30 ans : avec certains amis de Jérôme une amitié profonde est pérenne va se créer, je pense notamment à Mia, Nana, Servane dans un 1er cercle puis dans un second plus élargit, viendront Brigitte et Sophie. Avec ces mistinguettes nous allons connaitre des repas filles où nous ne sommes plus des mères, ni des compagnes mais des amies qui se retrouvent et prennent des instants déconnectés en parfaite harmonie communes.

Dans cette même période, un couple aura eu beaucoup d'écho dans notre vie avec Jérôme, il s'agit de Jean-Pierre et Maddy. De plus de 20 ans mes ainés, nos soirées à discuter philosophie, valeurs de vie, voyages seront de doux et agréables souvenirs. Avec Jean-Pierre j'ai appris à être vigilante sur les sources des informations, à balbutier une certaine forme d'affirmation de soi…

Marie-Alix rentre dans ma vie comme une étoile dans une constellation. C'est par l'intermédiaire de ma tante martine, que nos retrouvailles ont lieu. Depuis nos vies sont dans une parallèle spectaculaire. Lors de nos échanges, nous arrivons à nous apporter mutuellement des réponses à nos blocages, questionnements en toute bienveillance et dans un amour pur et dégager de tout égo…elle est sans aucun doute mon âme-sœur.

De 30 à 40 ans : Jérôme va me permettre de rencontrer Greg et Sandra un adorable couple un peu plus jeune que moi, avec qui l'entente va rapidement être très fluide et très complice. J'aurai davantage de ponts communs avec Greg. Quand Nico rentre dans ma vie, nous devenons tous les 4 très proches à tel point que nous choisirons Sandra comme marraine de Georges. Leurs routes se sont séparées depuis mais cela ne nous empêche pas d'être toujours très lié à l'un comme à l'autre. Avec chacun d'eux non continuons de partager nos valeurs communes de vie simple, familiale et de respect.

Jean-Noël, mon seul ami Gémeau avec lui pas besoin de parler en un regard nos cerveaux azimutés sont en connexion !

Moragne une amie à Nico, avec elle les débuts ont été chaotiques. On peut dire que le courant ne passait pas. Elle a vécu des épreuves douloureuses, difficiles, qui lui ont réveillés une profonde introspection et un travail sur elle-même. Nous avons finalement découvert qu'au-delà de nos différences et différents nous étions bien plus similaires que ce qu'on aurait pu croire.

De 40ans à....

Je rencontre Carole dans mon travail à la Mifa avec qui nous partageons beaucoup sur le développement personnel, sa pratique d'art-thérapeute... quelques mois plus tard, il m'est offert l'occasion de faire la connaissance de Nathalie (l'institutrice de Georges) lors d'un repas chez elle. Qu'elle ne fut pas ma surprise d'y retrouver Carole. Nathalie et elle sont amies de longues dates et depuis nous nous retrouvons régulièrement toutes les 3 pour partager des moments de grande complicité, de soutien et de découvertes.


Dans toutes les sphères de la vie, j'aurai eu à cœur d'être dans l'ouverture, le partage et le non-jugement. Il n'est pas si évident d'être entouré dans les descentes effrayantes des manèges de la vie mais j'ai cette chance inouïe et j'espère leur offrir en retour.

# REMERCIEMENTS

Romain Bauzerand dit « Rominou » sans qui je n'aurai pas eu une illustration de livre aussi parfaite, quel artiste !

Nathalie pour avoir relu et corriger le brouillon. Merci pour tes conseils en toute bienveillance.

Laura d'avoir été la 1$^{ère}$ lectrice pilote.

Céline de m'avoir toujours dit de faire quelque chose de ce destin.

Mon mari, mes enfants de m'avoir soutenu dans ce projet tout en respectant une discrétion absolue.

Marie-Alix de m'avoir remit dans le cap de l'édition.

La vie d'être semblable à des montagnes russes.

Aux nombreux hauts sommets de notre planète qui pourront être des prochaines destinations pour y poser d'autres Petits B.

A toi chers lecteurs qui aura partagé ces extraits de vie, puissent-ils t'avoir été bénéfiques.

Dépôt légal 08 2023

Elodie Armand

Printed by Amazon Italia Logistica S.r.l.
Torrazza Piemonte (TO), Italy